Bibliografische Information der Deutschen Nationalbibliothek:

Die Deutsche Nationalbibliothek verzeichnet diese Publikation in der Deutschen Nationalbibliografie; detaillierte bibliografische Daten sind im Internet über http://dnb.d-nb.de abrufbar.

Impressum:

Copyright © 2014 ScienceFactory

Ein Imprint der GRIN Verlags GmbH

Druck und Bindung: Books on Demand GmbH, Norderstedt, Germany

Coverbild: pixabay.com

Von der Wende zur Deutschen Einheit?
Der deutsche Wiedervereinigungsprozess 1989/90

Inhalt

Wiedervereinigung oder Dritter Weg? Die DDR 1989/90 von Michael Vollmer (2004) 7

    Einleitung 8
    Die Chancen eines Dritten Weges – Die DDR 1989/90 11
    Schlussbetrachtung 40
    Bibliographie 46

Der Weg zur deutschen Einheit. Die Rolle der Bundesregierung unter Helmut Kohl während des Wiedervereinigungsprozesses von Franziska Eichhorn (2009) 49

    Einleitung 50
    Das Jahr 1989 51
    Das Jahr 1990 58
    Schlusswort 70
    Literaturverzeichnis 72

Die friedliche Revolution von 1989/90. Deutschlands überstürzte Vereinigung? Von der Diskrepanz staatlicher und innerer Einheit von Alexis Demos (2008) 73

    Einleitung 74
    Das Ende des real existierenden Sozialismus 78
    1989 – das annus mirabilis 83
    Das Endziel der Einheit 88
    Von der unverhofften zur überstürzten Einheit? 93
    Die Suche nach der inneren Einheit 97
    Resümee 104
    Literaturverzeichnis 108

Friedliche Revolution und Transformation. Geteilte Einheit? Ost- und Westdeutsche nach der Wiedervereinigung 1989/90 von Viktoria Dießner (2009)........113

   Einleitung 114

   Angleichung der Lebensbedingungen in Ost und West 115

   Vergleich der Sozialstruktur in Ost und West vor und nach 89/90 ... 120

   Probleme warum? 126

   Fazit 131

   Quellenverzeichnis 133

Einzelbände 136

Wiedervereinigung oder Dritter Weg?
Die DDR 1989/90
von Michael Vollmer (2004)

„Wir wären von allen guten Geistern verlassen, wenn über den Umweg der Deutschlandpolitik sozialistische Vorstellungen eingebracht würden."[1]

(Theo Waigel, 1989)

Einleitung

Problemstellung

Mit dem politischen Ende der SED-Diktatur im Herbst 1989 traten Geister aus Ost und West zu Tage, die aus dem abgewirtschafteten Staat zwischen Ostsee und Erzgebirge ein Musterland jenseits von Kapitalismus und Sozialismus gestalten wollten. Doch welche Zukunft, welche Existenzberechtigung hätte eine marktwirtschaftlich orientierte DDR neben einer kapitalistischen BRD gehabt? „Natürlich keine!", wie Professor Dr. Otto Reinhold, Mitglied des Zentralkomitees der SED, es am 1. September 1989 in der „Zeit" formulierte.[2] Und dennoch gab es beiderseits der innerdeutschen Grenze seit jeher Kräfte, die eine bessere, demokratische, entstalinisierte DDR und damit ein wirkliches Alternativmodell zur Bundesrepublik errichten wollten. Nicht selten wurde der antiradikal anmutende Terminus vom „Dritten Weg", im Munde seiner Wortführer, zum Mittel semantischer Begriffsverwirrung, denn allzu häufig waren deren Visionen abstrakte Hirngespinste, bisweilen ideologisch, nicht selten utopisch und fern von jeglichem ökonomischen Verständnis. Trotz alledem entwickelte sich gerade in der DDR ein Gespür für die Notwendigkeit von Reformen, wenngleich die Mahner dort allzu oft mundtot gemacht wurden. Ihnen bot die Untergrundliteratur der achtziger Jahre den kreativen Raum, den ihr die Lakaien der marxistischen Orthodoxie verwehrten. 1989, nach Jahren der Stagnation, war endlich die Stunde für Veränderungen gekommen. Mit dem jahrelang ertragenen und nun öffentlich zur Schau gestellten Frust wollten die Menschen die kleinbürgerliche Enge durchbrechen.

Was bewegte die Bürger der DDR? Welche Veränderungen wollten sie mit ihrem Protest erreichen? Wieviel Reform konnte der Staat, die Partei, das System überhaupt ertragen? Zunächst soll die Frage beantwortet werden, in welchem Maße die Bürger im emotional aufgeheizten Deutschen Herbst den Ideen eines

---

[1] Zitiert nach: Neubert, Ehrhart: Geschichte der Opposition in der DDR, 2. Aufl., Berlin 1998, S. 899.
[2] Hervorhebungen im Original; Vgl. Schorlemmer, Friedrich: Bis alle Mauern fallen. Texte aus einem verschwundenen Land, Berlin 1991, S. 10.

Dritten Weges zwischen Kapitalismus und Sozialismus zugeneigt waren? Wie veränderte sich diese Haltung mit Fortschreiten des Erosionsprozesses des alten Systems? Ein Dritter Weg wäre ein neuerliches Experiment gewesen, das keinen Erfolgsautomatismus garantieren konnte. Niemand kannte die zu erwartenden Unwägbarkeiten. Aber waren die Menschen überhaupt noch bereit, reformsozialistische Experimente zu erdulden, deren Ausgang nur mehr neue Ungewissheiten bot? Welchen zukünftigen Handlungsspielraum eröffnete die desolate Wirtschaftslage des Staates? Wie verhielt sich die Jugend, der Zukunftsträger des Staates, dem realexistierenden Sozialismus gegenüber? Die Beantwortung dieser Fragen soll den realen Verwirklichungsspielraum, der sich den Anhängern eines Dritten Weges am Ende der achtziger Jahre bot, aufzeigen.

Aufbau und Vorgehensweise

Die vorliegende Arbeit ist sowohl als deskriptive als auch als analytische Studie konzipiert. Sie versucht nicht nur die Atmosphäre am Vorabend der politischen Wende und den Monaten des deutschen Einigungsprozesses 1989/90 einzufangen, sondern auch die Ursachen der Resignation und allgemeinen Unzufriedenheit, deren Konsequenzen zu Wandel und Abbruch des gesamten Systems führten, zu ergründen. Die Exposition des zweiten Kapitels befasst sich mit der Ausgangssituation der DDR, der politischen Stabilität und der gesellschaftlichen Akzeptanz des Systems. Die folgenden Abschnitte sind der gefühlsdominierten Atmosphäre der Endphase der deutschen Teilung gewidmet. Neben dem Zusammenbruch der DDR werden das wachsende Verlangen der Menschen nach einer Wiedervereinigung beider deutscher Staaten sowie die Absage der Bürger an politische Experimente und Zwischenlösungen Berücksichtigung finden. In diesem Zusammenhang wird die ungelöste nationale Frage auf, die das Entstehen einer eigenen DDR-Identität zeitlebens und nachhaltig beeinflusste aufgegriffen. Zwar basierten kommunistische Strategien stets auf Methoden, die unterschiedliche Wege und Vorgehensweisen zur Erreichung der Pläne zuließen, in ihrer Quintessenz durften diese jedoch niemals Zweifel an der moralischen Überlegenheit des Sozialismus aufkommen lassen. Ein weiterer Abschnitt ist daher der Rolle der DDR-Jugend gewidmet, die im Gefolge des Entspannungsprozesses der siebziger Jahre ein Eigenleben entwickelte, das negativ auf die Stabilität des Staatsgefüges zurückstrahlte und deren gewachsene Strukturen vor neue, scheinbar unlösbare Herausforderungen stellte. Weiterhin wird sich mit der wirtschaftlichen Situation der DDR in der Spätphase der Achtziger befasst, soll der Fokus auf die ökonomische Realität gerichtet und die Frage beantwortet werden, welche Chancen sich der Umsetzung eines Dritten Weges in einer eigenständigen DDR überhaupt darboten. Ein anderer Abschnitt ist der Rolle der DDR-Intelligenz gewidmet, die offensiv als Avantgarde politisch-wirtschaftlicher Dritter-Wegs-Konzeptionen in Erscheinung trat und ebenso häufig die Eigenständigkeit einer entstalinisierten Deutschen Demokratischen Republik forderte. Die Schlussbetrachtung. wird den Themenkomplex und die gewonnenen Erkenntnisse resümieren und die Frage beantworten, warum der Kampf für einen Dritten Weg, trotz zeitweiliger Sympathien, zum Scheitern verurteilt war. Eine Auswahlbibliographie diese Arbeit ab.

Quellenlage und Forschungsstand

Die schiere Menge wissenschaftlicher Publikationen über die politischen Ereignisse der Jahre 1989/90 ermöglichen einen umfassenden Einblick in die Thematik. Publikationen wie Stefan Wolles „Die heile Welt der Diktatur. Alltag und Herrschaft in der DDR 1971–1989", Alexander von Platos „Die Wiedervereinigung Deutschlands – ein weltpolitisches Machtspiel" und Manfred Görtemakers „Kleine Geschichte der Bundesrepublik Deutschland" seien stellvertretend für die Vielzahl detaillierter Betrachtungen genannt. Zur Masse politisch-historischer Werke gesellt sich eine vergleichbar hohe Anzahl an Schriftstücken, die sich der sozio-ökonomischen Situation der DDR und den Ursachen der 89er Revolution widmet. Das noch vor der politischen Wende in Ostdeutschland verfasste Werk „Realer Sozialismus. Anspruch und Wirklichkeit" von Heinz Kallabis bietet dabei eine ebenso realistische Einschätzung über die Notwendigkeit von Reformen, wie das 1987 in der Bundesrepublik erschienene Buch „Die DDR auf dem Weg in das Jahr 2000" von Hermann von Berg, Frank Loeser und Wolfgang Seiffert. Doch erst der nach Überwindung der Teilung ermöglichte Zugang zu bis dato verschlossenen Archiven erlaubte eine umfassende empirische Analyse des ökonomischen Desasters und des politischen Bankrotts der DDR. Alexandra Nepit hat mit „Die SED unter dem Druck der Reformen Gorbatschows. Der Versuch der Parteiführung, das SED-Regime durch konservatives Systemmanagement zu stabilisieren" eine solch umfangreiche Studie zur Thematik beigesteuert. Patrik von zur Mühlens Arbeit, „Aufbruch und Umbruch in der DDR. Bürgerbewegungen, kritische Öffentlichkeit und Niedergang der SED-Herrschaft", ist ein Überblick über Zielsetzungen verschiedenster Bürgerrechtsgruppierungen der achtziger Jahre und zugleich eine Synthese sozioökonomischer Fakten und politisch-historischen Hintergründe.

Auch die Anzahl an Publikationen von direkt am Transformationsprozess beteiligter Politiker, Schriftsteller und Widerständler erreicht eine unüberschaubare Dimension. Dabei ermöglicht Manfred Stolpes Buch „Schwieriger Aufbruch" gleichermaßen eine Einsicht auf individuelle Systemerfahrungen und Vorstellungen, wie Günter Schabowskis „Abschied von der Utopie" oder Friedrich Schorlemmers Werk „Bis alle Mauern fallen". Die in Eckhard Jesses „Eine Revolution und ihre Folgen. 14 Bürgerrechtler ziehen Bilanz" retrospektiv zu Wort gekommenen ehemaligen Dissidenten vermitteln ihrerseits nicht nur neue, differenzierte Einsichten, sondern auch ihre alte Meinungsheterogenität gegenüber dem Prozess der Deutschen Wiedervereinigung. Über diese DDR-Opposition hat der Theologe und Wissenschaftler Erhart Neubert, mit dem Buch „Geschichte der Opposition 1949–1989", Informationen zu 40 Jahren Widerstand gesammelt und zu einem umfangreichen Kompendium verarbeitet. Eine spezielle Sicht auf Gedankengänge und Dritte-Wegs-Konzeptionen von DDR-Widerständlern ermöglicht auch das von Ilko-Sascha Kowalczuk herausgegebene Sammelsurium politischer und zeitgenössischer Dokumente „Freiheit und Öffentlichkeit. Politischer Samisdat in der DDR 1985–1989". Mittlerweile existiert eine Vielzahl an Publikation zum Zeitgeschehen, die aufgrund des engen formalen Rahmens jedoch unbenannt bleiben muss. Und dennoch bieten unerforschte Dokumente und Akten des MfS, auch im Zusammenhang mit der Operation „Rosenholz", breiten Raum für weitere Aufklärungs- und Forschungsarbeit. Die für die vorliegende Arbeit verwendete Literatur kann nicht annähernd das Spektrum des vorhandenen Schrifttums wiedergeben, wobei für die getroffene Auswahl keine weitere Wertung vorgenommen werden soll.

Die Chancen eines Dritten Weges – Die DDR 1989/90

Der Zusammenbruch

1989 waren Ost und West gleichermaßen unvorbereitet mit dem rasanten politischen Umbruch konfrontiert worden. Die Krisenerscheinungen des gesamten Ostblocks markierten jedoch nur den Endpunkt einer langen, dahinschleichenden Entwicklung stetig zunehmender Unzufriedenheit, deren Quintessenz nun eine Kettenreaktion war, die aufgrund fehlender struktureller Steuerungsinstrumentarien zum völligen Zusammenbruch des Systems führte.[3] In vier Jahrzehnten der Trennung hatten die Deutschen beiderseits der Grenze gelernt, sich auf bescheidene Ziele einzurichten. Es ging im Wesentlichen nur mehr darum, den Menschen, denen politische Gestaltungsfreiheit und das Selbstbestimmungsrecht gleichermaßen versagt blieben, das Leben zu erleichtern.[4] Bei den meisten Bürgern der Bundesrepublik war die Einsicht gewachsen, dass es zur Kooperation mit der DDR, auf Grundlage eines sich gegenseitigen Anerkennens, keine Alternative gab.[5] Während bundesdeutsche Politiker in den Jahren nach der Staatsgründung ernstgemeinte – im Gegensatz zur SED – Wiedervereinigungspolitik betrieben, setzte der 1969 ins Amt gewählte Kanzler Willy Brandt mit einer amtlichen Neuausrichtung der offiziellen Regierungspolitik neue Akzente. Seine Deutschlandpolitik orientierte sich an dem Ziel, die Substanz der Nation in der Teilung zu erhalten, neue Verbindungen zu schaffen und alte Bindungen aufrechtzuerhalten. Diese Politik des „Wandel[s] durch Annäherung" setzte grundsätzlich die Bereitschaft voraus, mit der Führungsriege in Pankow politische Kontakte aufzunehmen, Verträge abzuschließen und die DDR faktisch als zweiten deutschen Staat zu akzeptieren.[6]

In deren Folge hielt die SPD enge Kontakte zu den politisch Verantwortlichen in Ostberlin, denn ein Wandel in der DDR sollte von den Machthabern selbst ausgehen. Und während sich die CDU/CSU-Opposition anfangs heftig gegen die neue Maxime verwehrte, kam sie doch nicht umhin, diese nach der Regierungsübernahme 1982 selbst fortzusetzen. Um die Substanz der Nation zu erhalten war es vonnöten, aktive Beziehungen zur DDR zu suchen, deren Konstitution nicht durch eine zu harsche Wiedervereinigungsrhetorik gefährdet werden durfte. Um den Genossen keine verbale Steilvorlage für ihre antiimperialistische Agitation zu liefern, lag die Einheit der Nation bis ins Schicksalsjahr 1989 vorerst auf Eis.[7] Während dieser Zeit hatte auch Bundeskanzler Kohl keine aktive Politik zur Destabilisierung der Deutschen Demokratischen Republik betrieben.[8] Als der Lauf der Geschichte eine Einheit nun doch in greifbare Nähe rücken

---

[3] Vgl. Grunenberg, Antonia: „Ich finde mich überhaupt nicht mehr zurecht...". Thesen zur Krise in der DDR-Gesellschaft, in: Blanke, Thomas/Erd, Rainer (Hrsg.): DDR – Ein Staat vergeht, Frankfurt am Main 1990, S. 171-182, S. 172.

[4] Vgl. Stolpe, Manfred: Schwieriger Aufbruch, Berlin 1992, S. 177.

[5] Vgl. Korte, Karl-Rudolf: Das vereinte Deutschland. 1989/90–2001, Erfurt 2002, S. 6.

[6] Vgl. Stolpe, Manfred: a. a. O., S. 177.

[7] Ebd., S. 178.

[8] Vgl. Korte, Karl-Rudolf: a. a. O., S. 6.

ließ, erschien das Festhalten der Bundesregierung an den Vorgaben der Grundgesetzpräambel als umso bemerkenswerter.[9] In der CDU war die politische Wende und die Aussicht auf Wiedervereinigung von Anfang an begrüßt worden,[10] während sich einige Amts- und Würdenträger der Sozialdemokratie, darunter auch Oskar Lafontaine und Gerhard Schröder, zunächst verhalten bis ablehnend äußerten. Selbst SPD-Ikone Willy Brandt hatte die Wiedervereinigung beider deutscher Staaten noch 1988 als „die Lebenslüge der Bonner Republik" bezeichnet. Und dennoch unterschätzten Parteien jedweder Couleur die Rasanz, mit der sich der Verfallsprozess der DDR fortsetzte. In den politischen Debatten zwischen November bis Anfang Dezember 1989 setzte man weder in der BRD, noch in der DDR auf eine rasche Reunion, wenngleich der Druck der Straße, durch Parolen wie „Wir sind *ein* Volk" und „Deutschland einig Vaterland", nach der Grenzöffnung zunehmend stärker wurde.[11]

Kohls Politik hatte Anfang November 1989 dazu beigetragen, dass die Opposition in der DDR offiziell zugelassen werden musste. Seit 1984 hatte sich die Opposition, die sich fortan verstärkt Menschenrechtsfragen widmete, im Fahrwasser des Samisdat und unter der Ägide der evangelischen Kirche formiert.[12] Zu dieser Zeit hatte der Widerstand bereits ein Niveau erreicht, in dem verbale Attacken und Widerspruchshandlungen gegen das Regime, allein schon aufgrund ihrer schieren Menge, längst nicht mehr alle strafrechtlich verfolgt werden konnten.[13] Ein Novum der DDR-Geschichte gab es dann 1989. Bei den Kommunalwahlen vom 7. Mai konnten Bürgerrechtsgruppen den Machthabern Wahlfälschung nachweisen, wodurch die in Selbstdisziplin unterdrückte Unzufriedenheit weiter Bevölkerungskreise zusätzlichen Auftrieb erhielt. Schon im Vorfeld der Wahl war die Legitimität der SED zunehmend hinterfragt worden. Auch ihre demonstrative Unterstützung für die Niederschlagung der chinesischen Demokratiebewegung auf dem Tian'an men im Juni signalisierte der Bevölkerung, dass die SED zum eigenen Machterhalt entschlossen war. Ihr Ansehen schwand weiter.[14]

---

[9] Ebd.
[10] Vgl. Neubert, Erhart: a. a. O., S. 899.
[11] Vgl. Blanke, Thomas: Einleitung, in: Blanke, Thomas/Erd, Rainer (Hrsg.): a. a. O., S. 7-22, S. 15.
[12] Vgl. Neubert, Erhart: a. a. O., S. 499.
[13] Ebd., S. 501-502.
[14] Vgl. Korte, Karl-Rudolf: a. a. O., S. 6.

Seit Ende Juli 1989 begann ein Formierungsprozess der Opposition, die sich der sich anbahnenden Krise der DDR bediente, mehr Öffentlichkeit anstrebte, sich programmatisch profilierte und die SED direkt herausforderte.[15] Das Zusammenspiel zwischen Opposition, Ausreisewelle und Demonstrationsbewegung bewirkte Anfang Oktober, dass die Partei die ursprünglichen Absichten zur gewaltsamen Niederschlagung aufgeben musste. Als im November 1989 der Demokratisierungsprozess irreversibel und die deutsche Frage zum beherrschenden Thema wurde, waren alle politischen Kräfte bemüht, sich innerhalb der veränderten politischen Lage neu zu orientieren.[16]

Die Bundesregierung hatte sich zwar kurzfristig bereit gezeigt, Hilfsmaßnahmen für die Bevölkerung der DDR einzuleiten, doch war Kohl im Gegensatz zur SPD nicht gewillt, die Deutsche Demokratische Republik dauerhaft ohne grundlegenden Systemwechsel zu stabilisieren.[17] Am 28. November verkündete der Kanzler einen 10-Punkte-Plan, der als Übergangsstadium zur Bildung einer Konföderation beider deutscher Staaten gedacht war. Dieser Vorstoß handelte ihm viel Ärger ein und auch die Regierung des am 13. November 1989 neu gewählten Ministerpräsidenten der DDR, Hans Modrow, reagierte abwehrend und bezeichnete den Plan als „Mißachtung der Realitäten"[18] Modrow wollte die Deutsche Demokratische Republik im Machtbereich der Sowjetunion halten, während Bonn im Rahmen einer Konföderation lediglich helfen sollte, den Staat politisch zu stabilisieren und die marode staatseigene Wirtschaft zu sanieren. Modrows Modell einer „Vertragsgemeinschaft" ging ebenso wie Helmut Kohls 10-Punkte-Plan von einer längeren Übergangszeit aus, in der sich die DDR politisch und ökonomisch konsolidieren sollte, um sich dann irgendwann auf Basis völkerrechtlicher Gleichberechtigung zur Wiedervereinigung einzufinden.[19] Zwar ging auch Gorbatschow noch Anfang 1990 davon aus, dass die DDR weiter bestehen und ein Alliierter der Sowjetunion bleiben würde, doch diktierten

---

[15] Etwa seit Anfang November 1989 organisierten sich Oppositionelle in Bürgerbewegungen wie dem „Neuen Forum" oder „Demokratie jetzt", in politischen Vereinigungen wie dem „Demokratischen Aufbruch", der „Vereinigten Linken" oder in der „Sozialdemokratischen Partei", die nun allesamt aus dem Schatten kirchlicher Obhut ins Licht der Öffentlichkeit drängten. Vgl. Neubert, Erhart: a. a. O., S. 825.

[16] Ebd., S. 825-826.

[17] Ebd., S. 899.

[18] Hervorhebung im Original; Vgl. Lindner, Bernd: Die demokratische Revolution in der DDR 1989/90, Bonn 1998, S. 129-130.

[19] Vgl. Blanke, Thomas: a. a. O., S. 15.

mittlerweile die Massen auf den Straßen das offizielle Geschehen und die Berufspolitiker beider Lager waren gleichermaßen bestrebt, die keineswegs ungefährliche emotionale Spannung des Volkes aufzufangen.[20]

Der Wille zur Einheit

Bundesfinanzminister Waigel (CSU) hatte sich frühzeitig für erhebliche finanzielle Transfers ausgesprochen, diese jedoch an die Bedingung marktwirtschaftlicher Reformen gekoppelt. Bundeskanzler Kohl bot der neuen DDR-Führung in seinem Bericht zu Lage der Nation am 8. November an, ihr bei der Umsetzung der Reformen zu helfen. Er sagte: „Wenn es einen wirklichen Reformprozess gebe, werde man sogar ‚eine neue Dimension wirtschaftlicher Unterstützung' für die DDR erwägen."[21] Eine Sanierung der DDR-Ökonomie konnte jedoch nur auf Grundlage einer umfassenden Öffnung für privates Kapital geschehen. Für dieses Ansinnen sollte sich die Partnersuche der CDU im Osten zunächst noch schwierig gestalten, da diese Strategie wenig Kongruenz zu den gesellschaftspolitischen Vorstellungen der östlichen Opposition aufwies.[22]

Kohl sprach immer auch von einer nationalen Verpflichtung seiner Regierung und dem Selbstbestimmungsrecht aller Deutschen.[23] Und das Thema drängte in diesen Tagen mehr denn je ins Zentrum öffentlicher Aufmerksamkeit. Gorbatschow selbst hatte am 15. November 1989 in einer Rede vor Moskauer Studenten davon gesprochen, dass eine „Wiedervereinigung" Deutschlands eine „interne Angelegenheit" der Bundesrepublik und der DDR sei.[24] Wenngleich Gorbatschow in einem Telefonat mit Gregor Gysi sein Missfallen über Kohls 10-Punkte-Konzept bekundete, sollte sich die UdSSR mittelfristig doch bereit zeigen, einer deutschen Konföderation den Segen zu erteilen. Unterdessen hielt die Machterosion der DDR-Oberen unvermindert an.

Diesem Autoritätsverlust der SED-Machthaber folgte das Legitimationsdefizit der Interessenvertretung der Noch-DDR bei Fuße. Diese Aufgabe versuchte nun der „Runde Tisch" zu erfüllen: eine auf Initiative der Kirchen gebildete „Neben-

---

[20] Vgl. Stolpe, Manfred: a. a. O., S. 181-182.
[21] Hervorhebung im Original; Zitiert nach: Görtemaker, Manfred: Kleine Geschichte der Bundesrepublik Deutschland, Bonn 2002, S. 354.
[22] Vgl. Neubert, Ehrhart: a. a. O., S. 899-900.
[23] Vgl. Görtemaker, Manfred: a. a. O., S. 354.
[24] Hervorhebung im Original; Vgl. Ebd., S. 362.

regierung", die sich im Dezember 1989 zum ersten Mal konstituierte. Im Wesentlichen verfolgte er drei Ziele: Erstens die Durchführung freier Wahlen, zweitens die Ausarbeitung eines neuen Verfassungsentwurfes und drittens die Auflösung der Staatssicherheit.[25] Es war auch hier nicht der Sozialismus selbst, der im Mittelpunkt der Kritik stand, es sollte vielmehr eine demokratische DDR als sozialistische Alternative zur kapitalistischen BRD entwickelt werden. Doch mit diesen Visionen von einem Dritten Weg entfremdete sich der Runde Tisch alsbald von den Forderungen der Bevölkerungsmehrheit, die sich seit November 1989 innerlich mehr und mehr für eine staatliche Wiedervereinigung entschieden hatte.

Ende November, nur wenige Wochen nach den revolutionären Ereignissen, bejahte rund die Hälfte der Bürger eine Wiedervereinigung beider deutscher Staaten. Dieser Anteil sollte bis Ende Januar/Anfang Februar 1990 auf 80 Prozent nach oben schnellen.[26] Die entscheidende Transformation des öffentlichen Meinungsbildes hatte zwischen November 1989 und Februar des Folgejahres stattgefunden. Die Frage nach dem zukünftigen Weg der DDR hatten Ende November noch 86 Prozent mit „einem besseren, reformierten Sozialismus" beantwortet. Nur fünf Prozent entschieden sich für den „kapitalistischen Weg". Bis Anfang 1990 hatten sich die Relationen jedoch eindeutig zugunsten des kapitalistischen Modells verschoben.[27] Besonders markant war dieser Trend bei den CDU-Wählern. Während sich im November 1989 noch 83 Prozent für einen „besseren, reformierten Sozialismus" aussprachen, schrumpfte dieser Wert auf magere 29 Prozent Anfang Februar. Bezogen auf die gesamte DDR verringerte sich dieser Wert von 86 auf 56 Prozent. Konzentrierte sich die CDU noch im November darauf, einen pluralistischen Sozialismus zu schaffen, vollzog sie bereits auf ihrem Parteitag Mitte Dezember den vollständigen Bruch mit dem gescheiterten System.[28]

Unterdessen hatte die SED innerhalb der zwei Monate nach dem Sturz Honeckers mehr als die Hälfte ihrer vormals 2,3 Millionen Mitglieder verloren. Gefördert durch Enthüllungen über zahlreiche Korruptionsskandale, bei deren Aufklärung sich auch der am 13. November neu ins Amt gewählte Ministerpräsident

---

[25] Vgl. Korte, Karl-Rudolf: a. a. O., S. 12.
[26] Vgl. Förster, Peter/Roski, Günter: DDR zwischen Wende und Wahl. Meinungsforscher analysieren den Umbruch, Berlin 1990, S. 53.
[27] Ebd., S. 54-55.
[28] Ebd., S. 56.

Modrow auffällig zurückhielt, verließen die Menschen die Partei wie Ratten das sinkende Schiff.[29] Modrow hatte seit Beginn der Sommerkrise wiederholt erklärt, dass er hoffe, eine gewichtige Rolle während der unsicheren Phase des Übergangs der DDR zu einer sozialistischen Demokratie zu spielen. Zwar blieben seine Ziele weitgehend im Dunkeln, aber vieles sprach dafür, dass er das Regime grundlegend reformieren wollte, um es dadurch im Verbund mit der UdSSR zu halten. Gleichzeitig sollte die Wettbewerbsfähigkeit gegenüber dem Westen erhöht werden. In jedem Falle musste der Staat wirtschaftlich und finanziell saniert werden – vorzugsweise in einer Konföderation mit der Bundesrepublik. Doch Modrow blieb keine Zeit mehr seine Pläne in die Tat umzusetzen, denn die Situation verschlechterte sich tagtäglich.[30]

Durch die Einheitseuphorie hatte auch Kohl schnell sein Interesse an Verhandlungen mit Ministerpräsident Modrow, der doch als Repräsentant des alten, verbrauchten SED-Regimes galt, verloren. Kohls Besuch in Dresden am 19. Dezember sollte für ihn zu einer Art Schlüsselerlebnis werden. Zu den dort vereinbarten Verhandlungen mit dem DDR-Oberhaupt über eine Vertragsgemeinschaft kam es nicht mehr, denn der Kanzler überließ alles Weitere dem Lauf der Geschichte, deren Richtung er inmitten zehntausender jubelnder Ostdeutscher in Dresden unzweifelhaft erkannt zu haben glaubte.[31]

Bei einem Zusammentreffen mit Bundeskanzler Kohl auf dem „World Economic Forum" am 2. Februar 1990 im schweizerischen Davos informierte Modrow ihn darüber, dass eine Zusammenführung beider deutscher Staaten unvermeidlich sei, da sich der Verfall der DDR täglich beschleunige. Die DDR benötigte umgehend 15 Milliarden D-Mark, um eine Katastrophe im März abzuwenden.[32] Damit war auch Modrows Konföderationsplan mit dem Titel „Für Deutschland, einig Vaterland", den er am 30. Januar dem Generalsekretär der KPdSU in Moskau vorgelegt hatte, hinfällig. Dieses Konzept, das von Gorbatschow gebilligt wurde, sah eine stufenweise Vereinigung Deutschlands mit Berlin als gemeinsamer Hauptstadt vor. Während dieses Prozesses sollten sich beide Staaten nicht in die inneren Angelegenheiten des jeweils anderen einmischen. Die Verwirklichung des Strategiepapiers war zudem an die Bedingung militärischer Neutrali-

---

[29] Vgl. Görtemaker, Manfred: a. a. O., S. 361.
[30] Ebd., S. 359-360.
[31] Ebd., S. 365.
[32] Ebd., S. 366.

tät geknüpft.[33] Besonders die Neutralisierungsabsicht stieß sogleich auf die vehemente Ablehnung Bonns. Unter den Vorzeichen des nahenden Staatsbankrotts und dem ungebrochenen Flüchtlingsstrom, kündigte Kohl am 6. Februar die Schaffung der Wirtschafts- und Währungsunion und am 13. Februar den günstigen Umtauschkurs von 1:1 an. Das demoskopische Pendel schlug nun eindeutig zugunsten der am 5. Februar gegründeten konservativen „Allianz für Deutschland" um, zumal sich in der SPD Stimmen zu Wort meldeten, die vor einem solch übereilten Schritt warnten.[34] Hoffnungen auf eine Wiedervereinigung „auf gleicher Augenhöhe", wie sie beispielsweise von Ulrike Poppe, einer Vertreterin der Opposition, geäußert wurden, waren naiv und gehörten nur mehr ins Reich der Phantasmagorie.[35]

Seit Februar 1990 sollten sich die Bürgerrechtsbewegungen verstärkt der Artikulation sozialer Ängste und der beginnenden Diskussion über Transformationen, die einer Einführung von Marktwirtschaft und D-Mark folgen würden, stellen.[36] In einer am Runden Tisch erarbeiteten und von der Volkskammer verabschiedeten Sozialcharta, waren Schwerpunkte, die das gesamte Volk betrafen, namentlich das Recht auf Arbeit und Wohnen, die Demokratisierung und Humanisierung des Arbeitslebens, die Gleichstellung der Frau, das Recht auf kostenlose Bildung und auf kostenfreien Schwangerschaftsabbruch, festgeschrieben worden. Diese Basis von Grundrechten der DDR-Bevölkerung, sollte in die Verhandlungen mit der Bundesrepublik über die Wirtschafts- und Währungsunion einfließen. Zusammen mit dem Ziel, eine neue DDR-Verfassung zu erarbeiten, wurden diese Vorschläge von der Bevölkerung jedoch kaum mehr ernst genommen.[37] Die Nemesis dieser Entfremdung übermittelte das Wahlvolk den Initiatoren am 18. März. Die Bürgerbewegung, die gespalten zur Abstimmung antrat und sich auf das Bündnis 90, den Demokratischen Aufbruch, die AVL, die Grüne-UFV und andere verteilte, sollte geradezu bloßgestellt werden. Das desaströse Abschneiden enttäuschte viele ihrer Aktivisten zutiefst.[38]

---

[33] Ebd.

[34] Ebd.

[35] Hervorhebung im Original; Vgl. Plato, Alexander von: Die Wiedervereinigung Deutschlands – ein weltpolitisches Machtspiel, Bonn 2002, S. 300.

[36] Vgl. Schulz, Marianne/Wielgohs, Jan: DDR-Identität zwischen Demokratie und DM, in: Blanke, Thomas/Erd, Rainer (Hrsg.): a. a. O., S. 123-136, S. 132.

[37] Ebd.

[38] Vgl. Plato, Alexander von: a. a. O., S. 304-305.

Im Vorfeld der ersten demokratischen Volkskammerwahlen am 18. März 1990 entwickelte sich ein neues Parteiensystem. Es gab eine Vielzahl von Neugründungen, Abspaltungen und Umbenennungen, und schließlich entstanden Wahlbündnisse, an denen zumeist eine etablierte Partei aus der Bundesrepublik beteiligt war.[39] Die CDU hatte sich frühzeitig auf den „Demokratischen Aufbruch" als Partner festgelegt, den Kanzleramtsminister Seiters seit November 1989 zudem in Verhandlungen mit der SED einband. Hinzu kam, dass die Partei nicht nur auf die Strukturen der CDU-Blockpartei zurückgreifen konnte, sondern auch mit der Deutschen Sozialen Union (DSU) ein schlagkräftiges Bündnis einging. Und obwohl Meinungsumfragen die SPD noch Anfang Februar mit 54 Prozent klar vorn gesehen hatten, stand die von der West-CDU unterstützte „Allianz für Deutschland" am Wahlabend als Überraschungssieger mit 47,8 Prozent der Stimmen fest.[40] Damit bekundeten die Bürger ihren Willen zur Wiedervereinigung. Parteien, die sich für einen langsamen Weg zur Einheit und für eine stärker geprägte DDR-Identität aussprachen, standen eindeutig als Verlierer fest.[41]

Keine Zwischenlösungen mehr!

Seit der Übernahme des Generalsekretärpostens durch Gorbatschow, der sich der Demokratisierung und Modernisierung politischer Strukturen in der UdSSR annahm, wären in der DDR innere Reformen so möglich wie nötig gewesen. Demgegenüber signalisierte Moskau eine Erwartungshaltung an Ostberlin, die von den verantwortlichen Stellen der SED ignoriert oder sogar offen abgewehrt wurde.[42] Bis zu ihrem schicksalhaften XXVII. Parteitag (25. Februar – 9. März 1986) galt die Kommunistische Partei der Sowjetunion offiziell als unfehlbar und war gegen jedwede Kritik resistent. Gorbatschow änderte dies, kündigte den Unfehlbarkeitsanspruch auf und machte die KPdSU selbst zum Reformobjekt.[43]

---

[39] Vgl. Korte, Karl-Rudolf: a. a. O., S. 16.
[40] Vgl. Plato, Alexander von: a. a. O., S. 305.
[41] Vgl. Korte, Karl-Rudolf: a. a. O., S. 16.
[42] Die oberflächliche Darstellung der Reformprojekte Gorbatschows in den DDR-Medien konnte nur einem Ziel dienen: Die SED wollte der DDR-Bevölkerung suggerieren, dass die KPdSU nun eine Wirtschaftspolitik verfolgte, die der eigenen Maxime der „Einheit von Wirtschafts- und Sozialpolitik" entsprach; dass in der DDR folglich keine Veränderungen notwendig waren. Vgl. Nepit, Alexandra: Die SED unter dem Druck der Reformen Gorbatschows. Der Versuch der Parteiführung, das SED-Regime durch konservatives Systemmanagement zu stabilisieren, Baden-Baden 2004, S. 96.
[43] Ebd., S. 87.

Zugleich forderte er mehr Öffentlichkeit, was die SED beunruhigen musste, denn vergleichbare Bestrebungen in der DDR hätten nicht nur Regimekritik zur Folge gehabt, sondern früher oder später auch unliebsame Diskussionen über die Frage der deutschen Teilung aufgeworfen.[44]

Bereits 1983 war der damalige sowjetische Botschafter Pjotr Andrejewitsch Abrassimow, der aufgrund seiner permanenten Einmischung in die Politik der DDR den Beinamen „Regierender Botschafter" erhielt, auf Drängen Honeckers, der sich durch die ständige Bevormundung belästigt fühlte, abberufen worden.[45] Fortan ließ auch die UdSSR die Zügel ihrer Blockpolitik etwas lockerer, mit dem Ergebnis, dass sich die SED zunehmend weniger von Moskau diktieren lassen wollte.[46] Nachdem Honecker im September 1987 die BRD besucht hatte, ließ die SED verlauten, dass sie für „Glasnost" und „Perestroika" in der DDR keinerlei Notwendigkeit sah.[47] Sie sollte auch weiterhin mit entschiedener Härte gegen allzu kritische Stimmen vorgehen, denn die Ostberliner Kommunisten waren weder willig ihre Macht demokratisch zu teilen, noch dazu bereit diese auch nur an jüngere, reformorientierte Kräfte innerhalb der SED abzugeben. Auch den neuen Wirtschaftskonzepten der Sowjetunion stand man nur solange positiv gegenüber, wie diese den eigenen Kurs nicht berührten.[48] Die Folge waren zunehmende Differenzen zwischen dem Politbüro und der KPdSU-Führung, denn die Verantwortlichen in Pankow waren in ihrer Haltung unbeweglich; vor allem Honecker lehnte jedwede Reform ab. Valentin Koptelzew, sowjetischer Gesandter in der DDR, sondierte bereits, welche Variante mit den Deutschen in Frage kommen würde, denn er und sein Stab hatten keinerlei Vertrauen mehr in die Aussagen der SED-Führung über die Stabilität des Landes. Manfred Stolpe sprach im Nachhinein von Überlegungen des Sowjetdiplomaten, die auf eine Finnlandisierung der DDR, einem Weg ähnlich dem Österreichs, hinausliefen und die mit ihm seit 1988 mehrfach diskutiert worden waren. Es wurde die hypothetische Frage gestellt, ob eine DDR mit freiheitlichem System und markt-

---

[44] Ebd.

[45] Vgl. Foitzik, Jan: Abrassimow, Pjotr Andrejewitsch, in: Müller-Enbergs, Helmut/Wielgohs, Jan/Hoffmann, Dieter (Hrsg.): Wer war wer in der DDR. Ein biographisches Lexikon, Leck 2003, S. 11.

[46] Vgl. Stolpe, Manfred: a. a. O., S. 182.

[47] Vgl. Nepit, Alexandra: a. a. O., S. 181.

[48] Ebd., S. 157.

wirtschaftlicher Grundordnung, bei gleichzeitiger sowjetischer Truppenpräsenz, im Verhältnis zur BRD hätte bestehen können.[49] Von ganz ähnlichen Vorstellungen über die Zukunft der DDR sollten auch die Initiatoren des Aufrufs „Für unser Land" vom 26. November 1989 ausgehen, die für eine demokratisch-sozialistische Alternative zur Bundesrepublik eintraten. Jedoch erfolgte der Aufruf einiger Intellektueller bereits in einer Zeit, in der Forderungen nach einer deutschen Wiedervereinigung längst aufgekommen waren und die Ausreisebewegung den Staat destabilisiert und politisch unmöglich gemacht hatte.[50] Bis zur Kompromittierung des Appells durch die Unterschrift Egon Krenz' sollten ihn dennoch zwei Millionen Bürger unterzeichnen. Der DDR blieb jedoch keine Zeit mehr für Konsolidierung, einem Neuanfang unter der Ägide linksreformistischer Konzepte. Antikommunistischer Widerstand hatte hingegen eine unverhältnismäßig geringe Rolle gespielt. Im Kern war die Opposition des Ostens reformsozialistisch. Das hing zum einen damit zusammen, dass nach der Vertreibung und Ausschaltung des Bürgertums, sowie der Liquidierung politisch Unliebsamer seit den fünfziger Jahren kaum mehr antikommunistische Oppositionelle existierten. Daher fehlten in der 89er Revolution eigene radikal-bürgerliche Alternativen zum Sozialismus, die mit eigenen Konzepten die Vorstellungen reformorientierter Linker ideologisch, organisatorisch oder politisch hätten kompensieren können.[51] Trotz dieses konzeptionellen Vakuums sollte es der linken Opposition während der Wendemonate schwerfallen, eigene Akzente zu setzen, denn ihre Anlehnung an Grundsätze der bundesdeutschen Linken und an „grüne" Alternativmodelle versprach keinerlei Erfolg und keine sie tragende Massenbasis.[52] Eine Anpassung der Lebensverhältnisse an den westlichen Standard war zur alternativlosen Maxime geworden, die man nun im Osten verwirklicht sehen wollte. Der Staat, das offensichtlich gescheiterte Sozialismusexperiment, war zu einem verzichtbaren Relikt verkommen. Er wurde überflüssig, weil die Menschen ihre Zugehörigkeit zu „der" Nation erkannten und einforderten. Sie erlebten das Zusammengehörigkeitsgefühl, das ihnen westdeutsche Politiker fortdauernd predigten, in diesen Tagen hautnah, was das

---

[49] Vgl. Stolpe, Manfred: a. a. O., S. 183.
[50] Vgl. Lengsfeld, Vera: Der Stalinismus ist eine Entzerrung des Kommunismus zur Kenntlichkeit, in: Jesse, Eckhard (Hrsg.): Eine Revolution und ihre Folgen. 14 Bürgerrechtler ziehen Bilanz, 2. Aufl., Berlin 2001, S. 76-89, S. 78.
[51] Ebd., S. 79.
[52] Ebd.

Überbordwerfen des künstlich generierten Status „DDR-Deutsche", sofern dieser überhaupt jemals akzeptiert und angenommen wurde, erleichterte.[53]
Die Bewegung, die 1989 die Wende einleitete hatte zunächst nicht das Ziel nationaler Einheit vor Augen. Sie wollte Veränderungen in der DDR, nicht zwangsläufig ihr Ende. Rufe wie „Wir sind das Volk" waren vornehmlich gegen die Diktatur der Partei und für Freiheit gerichtet. Die fehlende Resonanz auf Reformforderungen der Bürger seitens der SED, sowie eine drohende Eskalation der innenpolitische Lage, hatten Egon Krenz, der lange Zeit als Kronprinz Honeckers galt, davon überzeugt, dass eine baldige Ablösung des Generalsekretärs, auch aus einem Machterhaltungsinstinkt heraus, unvermeidlich sei. Am 12. Oktober 1989 wurde Honecker in einer Sitzung mit den Bezirkschefs der SED in nie gekanntem Ausmaß kritisiert. Vor allem Hans Modrow aus Dresden, der durch die Flüchtlingszüge aus Prag selbst in arge Bedrängnis geraten war, tat sich hervor. Ermutigt durch Modrows Auftreten, wagte Krenz den Sturz Honeckers in der folgenden Politbürositzung am 17. Oktober, nachdem auch Moskau keine Einwände signalisiert hatte. Bereits am folgenden Tag wurde Krenz auf Vorschlag des Politbüros vom Zentralkomitee der SED zum neuen Generalsekretär der Partei gewählt.[54] Im DDR-Fernsehen mimte er jedoch noch am gleichen Abend das gewohnte Bild orthodoxer Altvordern: Dunkler Anzug, steife Haltung, monotone Rhetorik. Er hinterließ den Eindruck, nicht den Erneuerern, sondern der dogmatischen Altherrenclique anzugehören, womit die Reformer ihre Chance, die DDR auf einen neuen Weg zu bringen, schon im Ansatz verspielten. Die Absetzung Honeckers hatte nur mehr verdeutlicht, dass es mit einem Personalwechsel an der Spitze nicht getan war. Kein Problem der DDR war damit gelöst. Die neue Führung versprach alsbald, Demonstrationen künftig zu tolerieren, die Berichterstattung in den Medien zu ändern, neue Reisegesetze und eine Amnestie für Demonstranten und Flüchtlinge zu erlassen, doch die Proteste gegen das Regime hielten, trotz Einhaltung der Versprechen, unvermindert an. Unter dem Druck der nach Freiheit dürstenden Öffentlichkeit trat am 7. November der gesamte Ministerrat und am 8. November auch das gesamte Politbüro geschlossen zurück. Sie wichen einer neuen Führung, die im Wesentlichen aus Gegnern Honeckers bestand.[55]

---

[53] Vgl. Stolpe, Manfred: a. a. O., S. 185.
[54] Vgl. Görtemaker, Manfred: a. a. O., S. 350-352.
[55] Ebd., S. 352.

Von nun an überschlugen sich die Ereignisse. Noch bevor Hans Modrow, der sich als SED-Bezirkschef von Dresden den Ruf eines nichtideologischen Pragmatikers erworben hatte und als glaubwürdige Alternative zur alten Riege erschien, am 13. November von der Volkskammer offiziell zum neuen Ministerpräsidenten der DDR gewählt wurde, war die Grenze geöffnet worden. Dass die Reisefreiheit von größter Bedeutung für die Stabilisierung von Staat und Regierung war, wussten alle Beteiligten.[56] Doch die Dimensionen, die der Massenexodus dieser Tage erreichte, konnte im Vorfeld keiner erahnen. Die Bürger erlebten nach dem 9. November 1989 nun ein Gefühl der Freiheit, das sich wie eine berauschende Droge nach den Jahrzehnten des Eingesperrtseins auf die Befindlichkeit niederschlug.[57] Man genoss das Erlebnis, sich frei und überallhin bewegen zu dürfen und erhielt zugleich einen Einblick in die Konsumwelt der Bundesrepublik. Der verbreitete Wohlstand, die Leistungsfähigkeit der kapitalistischen Wirtschaft, aber auch Äußerlichkeiten wie Ordnung und Sauberkeit hatten die Masse der DDR-Bürger davon überzeugt, dass es all das fortan auch bei ihnen zu Hause geben sollte.[58] Für sozialistische Planspiele, Experimente und Zwischenlösungen war die Masse der Ostbevölkerung nun immer weniger empfänglich.[59]

Das Geschwätz einiger Intellektueller, die nun die Trauerarbeit für das in Scherben liegende System, der Utopie vom neuen Menschen, aufnahmen, ging an der Masse der Bevölkerung vorbei und in den unüberhörbar werdenden Forderungen nach Einheit der Nation unter. Auch die wirtschaftliche Lage bot sozialistischen Experimenten keinerlei Spielraum mehr. Die Öffnung der Mauer am 9. November hatte das Schicksal der DDR endgültig besiegelt, denn der bundesdeutsche Magnet hatte nichts von seiner Anziehungskraft verloren und funktionierte wie ehedem in Vor-Mauerbau-Zeiten, als tagtäglich hunderte Bürger die sowjetische Besatzungszone, auf der Suche nach Freiheit und etwas persönlichem Glück, verließen. Etwa 2,7 Millionen Menschen waren bis 1961 in die Bundesrepublik abgewandert, und auch in den Folgejahren waren es Tausende,

---

[56] Ebd., S. 354.
[57] Vgl. Stolpe, Manfred: a. a. O., S. 184.
[58] Ebd.
[59] Vgl. Korte, Karl-Rudolf: a. a. O., S. 8.

die Jahr für Jahr in die BRD gelangten.[60] Eine ähnliche Abwanderungswelle setzte nach der Maueröffnung ein und bis Anfang März 1990 hatten bereits circa 450.000 Menschen das Land gen Westen verlassen. Der Wirtschaft kamen zunehmend Arbeitskräfte abhanden, da die Beschäftigten das Paradies der Werktätigen in Scharen verließen. Ein Kollaps des gesamten Systems war nunmehr eine Frage von Wochen, bestenfalls von ein paar Monaten.[61] Einer Existenzberechtigung der DDR raubte dies jedwede Grundlage. Vera Lengsfeld, ehemals SED-Mitglied, später eine der führenden Bürgerrechtlerinnen, beschrieb ihre Perzeption der Geschehnisse dieser Tage rückblickend: „Am 6. Dezember 1989 habe ich, damals noch Mitglied der jungen ‚Grünen Partei der DDR', auf einer der späten Montagsdemonstrationen in Leipzig für eine eigenständige Entwicklung der DDR geworben. Der Beifall war dünn, die Ablehnung überwältigend."[62]

Die DDR-Identität – Propaganda oder Wirklichkeit?

Im November 1989 waren die stalinistischen Hinterlassenschaften für die meisten DDR-Bürger noch nicht in ihrer vollen Dimension ersichtlich. Das Ausmaß der Rückständigkeit politischer, kultureller, ökonomischer und sozialer „Errungenschaften" war zu dieser Zeit erst in Ansätzen erkennbar, auch wenn die meisten Bürger den stetigen Niedergang seit langem erkannt hatten. Enthüllungen über Amtsmissbrauch, persönliche Bereicherung und Korruption ehemaliger SED-Kader standen erst noch bevor.[63] Bei Krisenerscheinungen der Bereiche Produktion, Verkehr, Reproduktion und Verteilung handelte es sich jedoch „nur" um Ergebnisse, die kurz- oder längerfristigen Steuerungskrisen anzulasten waren. Fragen der politischen Kultur und der Identität der Bürger waren hingegen Probleme von tiefenpsychologischer Natur.[64] Die nun offenkundige Weigerung der DDR-Mehrheit dem Vorschlag der Opposition zu folgen, eigene Reformperspektiven für eine moderne und solidarische DDR-Gesellschaft zu erarbeiten, entsprang mehreren, sich wechselseitig bedingenden Faktoren.

---

[60] Vgl. Berg, Hermann von/Loeser, Franz/Seiffert, Wolfgang: Die DDR auf dem Weg ins Jahr 2000. Politik – Ökonomie – Ideologie. Plädoyer für eine demokratische Erneuerung, Köln 1987, S. 36.

[61] Vgl. Blanke, Thomas: a. a. O., S. 16.

[62] Hervorhebung im Original; Zitiert nach: Lengsfeld, Vera: a. a. O., S. 79-80.

[63] Vgl. Förster, Peter/Roski, Günter: a. a. O., S. 56.

[64] Vgl. Grunenberg, Antonia: a. a. O., S. 177.

Zum einen erlebte die Bevölkerung den Macht- und Autoritätsverlust des Staatsapparates, der in seiner Rasanz nicht nur beispiellos war, sondern vielen lange Zeit überhaupt als undenkbar erschien. Machterosionen kommunistischer Parteien im gesamten Ostblock und ihre mediale Verbreitung taten ihr übriges und vermittelten das Ende einer gescheiterten Ideologie. Im Lichte dieses materiellen und moralischen Bankrotts erschienen die Staaten des Westens als einzige Alternative.[65] Deren einst so mächtige Gegner implodierten; sie kapitulieren vor dem Druck der Straße, der die kommunistische Alleinherrschaft zumeist ohne Blutvergießen hinwegfegte.[66] Die neuen Möglichkeiten direkter Vergleiche des deutsch-deutschen Alltags förderten dazu noch die Erkenntnis, dass sich der ideale „Konsumsozialismus" jenseits von Mauer und Stacheldraht entwickelt hatte. Jedoch waren viele Bürger der DDR hinsichtlich ihrer kollektiven und individuellen Sozialisationsbedingungen, Verhaltensweisen, Einstellungen und Wertsetzungen auch tief verunsichert, denn der schnelle Übergang, von der zentralistisch gelenkten Rundumversorgung zum freiheitlich-pluralistischen System, führte nicht nur zur Befreiung des Individuums vom kollektiven Zwang, sondern auch zum Verlust gewohnter Lebenssicherheiten. Die marode Lage der Wirtschaft vor Augen, hatte sich die Masse der Bevölkerung bewusst für das politische System der Bundesrepublik entschieden, ohne dieses jedoch wirklich zu kennen. Die Möglichkeit der freien Entscheidungswahl war den Menschen jahrzehntelang versperrt worden und die Verunsicherung dieser Tage beruhte zum großen Teil darauf, dass den Bürgern – vielen bereits seit dem Kindergartenalter – die Fähigkeit abgesprochen worden war, selbständig zu denken, zu urteilen und zu handeln.[67]

Jahrelang war versucht worden, das Bewusstsein der Bevölkerung hinsichtlich des eigenen Systems so zu manipulieren, als handele es sich gegenüber dem Westen um das moralisch, politisch und ökonomisch höherwertigere von beiden.[68] Doch gefördert durch die Möglichkeit, sich nach der Maueröffnung ein eigenes Urteil bilden zu können, verschwammen angesichts der bundesdeutschen Arbeitsrealität nicht nur die Schönfärbereien der Sozialisten über die ostdeutschen Arbeitsweisen und Produktionsmethoden, der direkte Vergleich offenbarte deren Rückständigkeit in unverhohlener Weise. Der Realität entrückt,

---

[65] Vgl. Schulz, Marianne/Wielgohs, Jan: a. a. O., S. 126.
[66] Vgl. Lindner, Bernd: a. a. O., S. 151.
[67] Vgl. Grunenberg, Antonia: a. a. O., S. 178.
[68] Ebd.

hatte Erich Honecker noch im Dezember 1988 auf der 7. Sitzung des ZK der SED lauthals verkündet, dass der Lebensstandard in der DDR, den der Bundesrepublik inzwischen überrundet habe. Diese in der Presse veröffentlichte Äußerung löste angesichts der Versorgungsengpässe allgemeinen Unglauben und Belustigung, aber auch Wut und Aggressionen aus.[69] Doch nun verstärkte das Gesehene in der Bundesrepublik bei den Deutschen der DDR das Bewusstsein, dass nicht sie oder mangelnde berufliche Qualifikation, nicht mangelnder Fleiß oder fehlendes Improvisationsvermögen für das niedrige Lebensniveau verantwortlich waren, sondern die in beiden Staaten unterschiedlichen materiellen und organisatorischen Bedingungen der Arbeits- und Produktionsverhältnisse.[70]

Der Kenntnisstand der Bevölkerung über Hintergründe der ökonomischen Lage war sicherlich gering, zumal die politisch Verantwortlichen Wirtschaftsstatistiken fälschten und diese niemals zu einem Gesamtbild zusammensetzten. Der Niedergang war jedoch überall zu spüren gewesen und zeigte sich besonders im Bereich des Wohnungsangebots, der Erhaltung von Bausubstanz, der ungenügenden Versorgung mit Nahrungsmitteln und Waren des täglichen Bedarfs, sowie das in den achtziger Jahren spürbar verringerte Angebot an technischen Geräten.[71] Diese gefühlte Benachteiligung mündete nicht selten in Systemvergleichen. Jetzt, nach der Herbstrevolution 1989, bot sich den Menschen endlich die Chance auf Reformen und ein bisschen eigenen Wohlstand. Den unmittelbaren Erlebnissen und dem teilweise euphorischen Zusammengehörigkeitsgefühl der Deutschen beiderseits der Grenze, den positiven Erfahrungen der DDR-Bürger in der Bundesrepublik und der daraus resultierenden neuen Kommunikation, entsprang ein massenpsychologischer Effekt, der den Zusammenbruch des Systems beschleunigte.[72]

Zeitlebens war die nationale Frage die Achillesferse der Deutschen Demokratischen Republik, denn sie verdeutlichte einen Makel, der die Herausbildung einer DDR-Identität nachhaltig behinderte. Der Einheitspartei war es nicht gelungen, den Sozialismus zur Staats- und Gesellschaftsordnung einer vereinten Nation zu machen. Sie konnte ihn lediglich dort umsetzen, wo die Bajonette der sowjeti-

---

[69] Vgl. Mühlen, Patrik von zur: Aufbruch und Umbruch in der DDR. Bürgerbewegungen, kritische Öffentlichkeit und Niedergang der SED-Herrschaft, Bonn 2000, S. 215.
[70] Vgl. Schulz, Marianne/Wielgohs, Jan: a. a. O., S. 126.
[71] Vgl. Mühlen, Patrik von zur: a. a O., S. 192-193.
[72] Vgl. Schulz, Marianne/Wielgohs, Jan: a. a. O., S. 127.

schen Armee ihn schützten.[73] Permanent wurde die SED mit der Tatsache konfrontiert, dass der realexistierende Sozialismus nur in einem Teil, und noch dazu im kleineren, des Vaterlandes errichtet werden konnte. Damit blieb die Partei, und mit ihr das gesamte System, stets auf die Bundesrepublik fixiert, denn eine Organisation, die es unternahm einen zweiten Staat innerhalb einer Nation zu gründen, der sich erstens von allen bisherigen Staaten einschließlich der BRD prinzipiell abzugrenzen versuchte, und der zweitens keine Gelegenheit ausließ, diese moralische Überlegenheit zu demonstrieren, unterlag immer auch dem Zwang, dies wieder und wieder nachweisen zu müssen um die eigene Existenz zu rechtfertigen und zu legitimieren.[74] Dass die Bürger die vermeintliche DDR-Identität, von der die Führung unentwegt sprach, so schnell abstreifen konnten – sofern sie diese jemals angenommen hatten – lag damit auch an der unbeantworteten „Deutschen Frage", denn die Menschen verglichen sich und ihre Lebensbedingungen natürlich nicht mit denen der sozialistischen Staaten, sondern mit denen ihrer Brüder und Schwestern in der Bundesrepublik.

Die Identität der Bevölkerung und ihre Identifikation mit dem SED-Staat war seit Anbeginn Ausdruck eines widersprüchlichen Verhältnisses zwischen partieller Integration und politischer Distanz. Auch über die Jahre gesehen erwies sich diese Ablehnung des realsozialistischen Systems, als außergewöhnlich stabil.[75] Diese Divergenz erhielt durch verschiedenste Vorstellungen vom „wahren" Sozialismus innerhalb der Bevölkerung neue Nahrung. Da gab es zum einen eine Minderheit, deren Kern einen Teil der politischen Opposition bildete. Sie begründete ihre Ablehnung damit, dass die politische Konstitution des realexistierenden Sozialismus konträr zu zivilisatorischen Werten bürgerlich-liberaler Rechtsstaatlichkeit stand. Dadurch war es dem Sozialismus ihrer Ansicht nach auch nicht möglich, sich als Alternative zu den konsumorientierten Gesellschaften des Westens zu profilieren. Für viele war das System nicht mehr, als ein besonders rückständiges Modell gewachsener Industriegesellschaften.[76] Die Visionen und Grundprinzipien sozialer Gleichheit verwarfen sie dabei nicht, die Auswüchse der praktizierten Ergebnisgleichheit, die durch Konsumverteilung und ihre Absage an das Leistungsprinzip die gesellschaftliche und wirtschaftliche Stagnation zu verantworten hatten, hingegen umso heftiger. Diese

---

[73] Vgl. Berg, Hermann von/Loeser, Franz/Seiffert, Wolfgang: a. a. O., S. 39.
[74] Ebd.
[75] Vgl. Schulz, Marianne/Wielgohs, Jan: a. a. O., S. 128.
[76] Ebd., S. 130.

Missstände sollten über einen Dritten Weg, durch Schaffung einer solidarischen Gesellschaft mündiger und selbstbewusster Bürger beseitigt werden, während die Entwicklung der Wirtschaft an soziales und ökologisches Gemeinwohl gebunden blieb.[77] Sie wollten die stalinistische Deformation des realexistierenden Sozialismus beenden und eine wirkliche Alternative zur Bundesrepublik schaffen, denn, so heterogen die Opposition der DDR auch war, so einig war man sich in der Ablehnung einer deutschen Wiedervereinigung. Persönlichkeiten wie Ulrike Poppe, Friedrich Schorlemmer oder Konrad Weiß zeigten sich bis zuletzt von der Reformfähigkeit der DDR überzeugt.[78]

Die Masse der Bevölkerung hatte sich hingegen zwangsläufig mit dem System arrangiert, denn das gebot allein schon der Wille zur Selbsterhaltung. Ihre Ablehnung gegenüber den herrschenden Zuständen hatten die meisten lange Zeit durch beharrliches Schweigen zum Ausdruck gebracht, denn eine laute und kompromisslose Verweigerung gegenüber Staat und Partei war praktisch nicht durchführbar, wollte man nicht sein ganzes Leben auf den untersten Sprossen der sozialen Leiter verbringen.[79] Schweigen war ein Ausdruck verdrängter Widersprüche, die letztendlich zu Ablehnung, Wut oder gar Hass führten. Die Divergenz zwischen Anspruch und Wirklichkeit war jahrelang unterdrückt und in Selbstdisziplin erstickt worden, da deren Artikulation den Menschen häufig sinnlos erschien und teilweise mit drakonischen Strafen belegt war.[80] Dass die Menschen nun verstärkt Reformen und Freiheiten einforderten, spricht gegen die zu vermutende Entpolitisierung der Masse. Der Balanceakt zwischen Distanz

---

[77] Ebd.

[78] Nach der Entstalinisierung waren Stimmen im Ostblock lauter geworden, die einen menschlichen und demokratischen Sozialismus forderten. Bereits 1956 erarbeitete eine Gruppe um den Philosophieprofessor Wolfgang Harich ein Konzept, das den Ausschluss der Stalinisten aus der SED, die Abschaffung der Staatssicherheit, die Beendigung der Kollektivierung und die Herstellung von Rechtssicherheit forderte. In den sechziger und siebziger Jahren wurden diese Ideen dann vor allem von Robert Havemann und Rudolf Bahro weiterentwickelt. Havemann blieb bis zu seinem Tod 1982 Wortführer der intellektuellen Opposition in der DDR. Bahro sollte bereits 1977, in seinem Buch „Die Alternative. Zur Kritik des realexistierenden Sozialismus", eine umfassende Systemkritik vorlegen. Und obwohl diese Anhänger eines Dritten Weges alle Antistalinisten waren, blieben sie doch zeitlebens überzeugte Kommunisten und Antikapitalisten. Vgl. Gallus, Alexander/Jesse, Eckhard: Was sind Dritte Wege? Eine vergleichende Bestandsaufnahme, in: http://www.bpb.de/publikationen/3L92WA,2,0,Was_sind_Dritte_Wege.html#art2, 13.06.2004.

[79] Vgl. Wolle, Stefan: Die heile Welt der Diktatur. Alltag und Herrschaft in der DDR 1971-1989, 2. Aufl., Bonn 1999, S. 336.

[80] Vgl. Grunenberg, Antonia: a. a O., S. 178.

zum Regime und der Gewissheit, ihm nicht entkommen zu können, artikulierte sich aber zeitlebens auch in Zynismus und in öffentlichem Räsonnement, das besonders in den achtziger Jahren zunehmend fordernder und aggressiver wurde. Das „Gemecker" der Bürger war trotz seiner häufig anonymen Zielrichtung inhaltlich unverkennbar gegen das SED-Regime gerichtet. Kritiken, abfällige Bemerkungen und Witze trugen dazu bei, deren Autorität zu untergraben.[81] Doch trotz dieser Freiheit zu offener oder versteckter Kritik die sich das Volk nahm und deren Ton, der in gleichem Maße an Schärfe, wie die Talfahrt der Wirtschaft an Rasanz gewann, blieb das Leben in der DDR ein immerwährender Drahtseilakt zwischen notwendiger Anpassung und gebotener Distanz. Vorteile und Risiken mussten die Menschen in jedem Fall genau abwägen.[82]

Schleichend gesellte sich zu Distanz und Frust über die starre Verweigerungshaltung der SED eine wachsende Gleichgültigkeit der Untergebenen gegenüber den Errungenschaften des Systems. Die Lakaien der marxistischen Orthodoxie sahen sich somit spätestens seit den siebziger Jahren, mit für sie markerschütternden Sprüchen wie „Is' doch alles sinnloous"[83] seitens Jugendlicher und junger Leute, die die Kluft zwischen den dogmatisch-ideologischen Vorgaben der Führung und ihren eigenen Vorstellungen für zunehmend unüberbrückbar hielten, konfrontiert. Der eigene Abstand zur Realpolitik der DDR bot der Majorität nach dem Umbruch das Gefühl, „es schon immer gewusst zu haben", das durch den raschen Zusammenbruch des Sozialismus nur mehr bestätigt wurde. Diese Distanz machte die nach Öffnung der Grenze stärker werdende Artikulation der gesamtdeutschen Identität und ihrer schnellen Annahme durch die Bürger möglich, denn die Wiederherstellung des deutschen Nationalstaates unter den Vorzeichen der parlamentarischen Demokratie bot den Menschen die sicherste Gewähr, die Verteilung sozialer Gerechtigkeit innerhalb der Gesamtdeutschen Nation neu zu gestalten.[84]

---

[81] Vgl. Mühlen, Patrik von zur: a. a. O., S. 221.
[82] Vgl. Wolle, Stefan: a. a. O., S. 336-337.
[83] Zitiert nach: Grunenberg, Antonia: a. a. O., S. 179.
[84] Vgl. Schulz, Marianne/Wielgohs, Jan: a. a. O., S. 130.

Die Jugend geht ihren eigenen Weg

In der Geschichte der DDR gab es langanhaltende gesellschaftspolitische Entwicklungslinien, die auf die Krise von 1989 hinwirkten. Die ersten Anzeichen waren gegen Ende der siebziger Jahre in einer veränderten Wertsetzung bei Jugendlichen zu beobachten, die zwar einerseits öffentliche Gelöbnisse auf das System schworen, deren Einstellungen und Lebensweisen andererseits jedoch erheblich von den parteiideologischen Vorgaben abwichen. Jugendliche, die seit den Sechzigern geboren waren, verfügten nicht mehr über das erforderliche Maß von Verpflichtungsvorstellungen gegenüber der Partei, denn sie hatten nie unter Hunger oder ähnlichen Entbehrungen gelitten, die sie mit ideologischen Mustern hätten kompensieren müssen. So wie ihre Ansprüche stiegen, nahm die Loyalität gegenüber staatlichen Autoritäten ab.[85] Die Jugendgeneration der Achtziger war in der DDR nicht mehr heimisch geworden. Sie war mental kaum mehr im System verankert und zeigte sich weniger kompromissbereit.[86] Die Herrschenden hatten sich ihrerseits durch die Unbeweglichkeit und das dogmatische Sendungsbewusstsein zunehmend selbst diskreditiert. Lenin hatte die „Diktatur des Proletariats" als „eine sich unmittelbar auf Gewalt stützende Macht, die an keine Gesetze gebunden ist" beschrieben.[87] Die SED verstand die DDR durchweg und unverändert als „Proletarische Diktatur" mit der Folge, dass physische und psychische Gewaltelemente in ihrer Politik überwogen, was auf Dauer zwangsläufig zu einer gegenseitigen Entfremdung führen musste.

Während des Jahres 1990 hat die DDR-Schriftstellerin Helga Königsdorf Stimmen eingefangen, die den schwelenden Generationenkonflikt[88] treffend beschrieben. Eine junge Frau, deren Name, Alter und Herkunft nicht verbrieft ist, schilderte ihre Erfahrungen, die stellvertretend für tausende vergleichbarer Schicksale stehen: „Ich habe mich zum Beispiel sehr in der FDJ engagiert, und ich habe mitbekommen, daß es nichts brachte, wenn ich auf irgendwelchen Delegiertenkonferenzen herumsaß oder auf diesen unsinnigen Freundschaftsratssitzungen, wo nie rauskam, wo man FDJ-Kleidung anziehen mußte. Das hat mein Vater überhaupt nicht verstanden, weil er eben aus der völligen Anfängergenera-

---

[85] Vgl. Grunenberg, Antonia: a. a. O., S. 175.
[86] Vgl. Lindner, Bernd: a. a. O., S. 46.
[87] Zitiert nach: Seiffert, Wolfgang, in: Berg, Hermann von/Loeser, Franz/Seiffert, Wolfgang: a. a. O., S. 18.
[88] Vgl. Rausch, Thomas: Von der DDR-Sozialisation zum neuen kulturellen Modell, in: Zoll, Rainer (Hrsg.): Ostdeutsche Biographien. Lebenswelt im Umbruch, Frankfurt am Main 1999, S. 370-377, S. 371.

tion kam." Sie schrieb weiter, dass ihre Eltern sehr viel über die Missstände gewusst haben. „Wenn sie sich mit Kollegen unterhalten haben, wurde viel kritisiert. Wenn wir dann das gleiche kritisieren wollten, durften wir es nicht. Weil mein Vater Angst hatte, wir verlieren unsere Ideale."[89]

Diese Divergenz zwischen der Masse der Jugend und der Partei- und Staatsführung war jedoch nicht einseitig verlaufen, denn wer sich an den Worten der Volksbildungsministerin Margot Honecker orientierte, die noch im Juni 1989 auf dem pädagogischen Kongress tönte, „Die Saat, die die Pädagogen unseres Landes ausbrachten und täglich neu ausbringen, sie ist aufgegangen. [...] Es wuchs in unserer Republik eine gesunde Jugend heran, weil unsere sozialistische Gesellschaft, in der sie aufwächst, gesund ist.",[90] sah sich mit anachronistischen Phrasen konfrontiert, die eine Wechselseitigkeit der Entfremdung offenbarten. Auf den darauffolgenden Protest einiger Pädagogen und Wissenschaftler reagierte die SED so, wie sie es immer in Situationen tat, in denen sich zwischen ihrer dogmatischen Weltsicht und den realen Gegebenheiten, mit denen sich das Volk konfrontiert sah, tiefe Gräben auftaten: Sie argumentierte ideologisch und tat administrativ ihr Bestes, alle Vorwürfe zu dementieren.[91] Und auch, als sich verschiedenste Gruppierungen wie Punks, Alternative, Aussteiger, Öko-Anhänger oder engagierte Christen – lange vor dem Sommer 1989 – immer offener der Häresie verdächtigten, wurde seitens der SED, im Sinne einer Bewahrung der DDR-Wertegemeinschaft, stoisch weiter versucht, überfällige empirische Gegenwartsanalysen durch wirklichkeitsfremde Selbstbeweihräucherungen und Schönfärbereien zu verhindern.[92]

Dass die alten Herren an der Spitze von Staat und Verwaltung die Warnungen aus ihren Vorfeldorganisationen wie beispielsweise der FDJ nicht mehr wahrnahmen, lag auch an der geschönten Sprache, dem verharmlosenden Ton gegenüber der Führungsriege. Zentralrat der FDJ und Mitglied des ZK, Eberhard Aurich, schrieb 1988 in einem fast vierzigseitigen Papier: „Ein Teil der Jugendlichen beklagt sich – besonders Schüler, Lehrlinge und Studenten, aber auch Arbeiter –, daß ihre Fragen, Meinungen, Vorschläge und Kritiken nicht ernst ge-

---

[89] Zitiert nach: Königsdorf, Helga: Adieu DDR. Protokolle eines Abschieds, Hamburg 1990, S. 69-71.
[90] Zitiert nach: Gotschlich, Helga: Ausstieg aus der DDR. Junge Leute im Konflikt, Berlin 1990, S. 16.
[91] Vgl. Ebd.
[92] Ebd., S. 16-18.

nommen werden oder ihnen ausgewichen wird. Dadurch breite sich eine gewiße Unsicherheit über die Richtigkeit der Art und Weise des Kurses der SED [...] Diese Lockerung des Vertrauens zu einigen Aspekten der Politik der Partei unter einem Teil der Jugend und der größere ideologische Druck des Gegners haben bewirkt, daß vereinzelt gegnerische Argumente Fuß faßen, denen zu begegnen dem FDJ-Aktiv schwer fällt."[93] Zwar hatten SED-Führung und das hauptamtlich mit der Observation der Bevölkerung betraute MfS viele Einzelinformationen, auch über die später einsetzende Massenfluchtbewegung, gesammelt, aber sie schreckten gleichermaßen davor zurück, Schlussfolgerungen zu ziehen. Potentielle Erneuerer unter den Apparatschiks traten jedenfalls nicht an die Öffentlichkeit, hätten ihre Vorstellungen doch nicht nur zu einem vernichtenden Urteil über das eigene Regime geführt, sondern zwangsläufig auch dessen Daseinsberechtigung hinterfragt.[94] Eine aufmüpfige Jugend wollte sich offenbar nicht mehr von der DDR-Obrigkeit missbrauchen lassen. Viele beanspruchten das Recht, sich zu verändern, nicht vorhersehbar zu sein und sich nicht vereinnahmen zu lassen. Sie nahmen sich die Freiheit zu hoffen, zu träumen, zu zweifeln. Für diese Freiheiten war ihnen das bestehende System ideologisch zu eng, zu dogmatisch, zu sehr dem Traditionalismus verhaftet und diagnostisch weitgehend verhindert, als dass es in unreformierter Form noch Attraktivität oder Zukunftsperspektiven ausstrahlte.[95]

Die wirtschaftliche Situation der DDR am Ende der achtziger Jahre

Während sich die DDR und die sie tragende Partei auf dem XI. Parteitag 1986 noch selbst feierten und das System als stabil, leistungsfähig und nicht reformbedürftig priesen, waren die ökonomischen und ökologischen Probleme in unübersehbarem Maße fortgeschritten.[96] Gleichzeitig ging Ostberlin immer mehr auf Distanz zum neuen Kurs der Sowjetunion, die unter Generalsekretär Gorbatschow einen Weg langsamer Demokratisierung und Dezentralisierung einschlug. So wollte die SED beispielsweise eine vergleichbare Eigenständigkeit

---

[93] Schreiben Eberhard Aurichs vom 10.08.1988 an Egon Krenz nebst Anlage „Analyse der politisch-ideologischen Situation unter der Jugend im FDJ-Aufgebot DDR-40; SAPMO-BArch: ZK der SED, Büro Egon Krenz (DY 30/IV 2/2.039/237). Zitiert nach: Mühlen, Patrik von zur: a. a. O., S. 216-217; Vgl. auch: Ebd., S. 217, FN 67.
[94] Ebd., S. 217.
[95] Vgl. Gotschlich, Helga: a. a. O., S. 7.
[96] Vgl. Berg, Hermann von/Loeser, Franz/Seiffert, Wolfgang: a. a. O., S. 13.

der Betriebe, wie sie Gorbatschow den heimischen Produktionsstätten einräumte, um jeden Preis vermeiden, da sie ein Überspringen der „Glasnost und Perestroika"-Funken auf die eigenen Belegschaften fürchtete. Die traditionelle, zentral gesteuerte Wirtschaftskoordinierung musste aus Sicht der Partei um jeden Preis erhalten bleiben. Sie wollte keine Dezentralisierung. Ihre Ablehnung begründete sie damit, dass wirtschaftliche Reformen im eigenen Land längst verwirklicht seien, doch war es schiere Angst, die die Politoberen umtrieb. Fürchteten sie doch, durch den Verlust ihres vollständigen Zugriffs auf die Wirtschaft auch die politische Macht zu verlieren.[97]

Die Direktiven staatlicher Planvorgaben boten den Herausforderungen der achtziger Jahre, namentlich den Wirtschaftsproblemen des Großen Bruders UdSSR, den schwankenden Dollarkursen und der Ölpreisentwicklung, sowie den immer kostspieliger werdenden Preisstützungen für Waren des „Grundbedarfes", durch das dogmatische Festhalten an der „Einheit von Sozial- und Wirtschaftspolitik" keinerlei Kompensation mehr. Verwundert musste die SED daher auf mehreren multilateralen Ostblocktreffen feststellen, dass weder die KPdSU, noch die meisten anderen osteuropäischen kommunistischen Parteien dem Wirtschaftskurs der DDR Aufmerksamkeit schenkten.[98] Diese richteten ihren Blick stattdessen auf Reformen, wie Dezentralisierung, Demokratisierung, Glasnost und Perestroika in Wirtschaft, Staat und Partei. Veränderungen, die den Verlautbarungen der SED zufolge wenig erfolgversprechend waren.[99]

Die zentralistische Planwirtschaft der DDR erwies sich seit langem als unfähig, die Fragen der sich verändernden globalen Wirtschaftszyklen mit Flexibilität zu beantworten. Der systemimmanente Konservatismus, das Festhalten am einmal Erreichten und die Sperrung gegen jedwede Reformen behinderten Innovationen und das Entstehen einer schöpferischen Atmosphäre.[100] Die DDR stagnierte, und während es der SED zunehmend weniger gelang, die ökonomische Rückständigkeit durch sozio-kulturelle Fiktionen zu kompensieren, pries sie weiterhin gebetsmühlenartig die Fortschritte im Wohnungsbau, die Produktionssteigerungen in der Konsumgüterindustrie und überhaupt die Übererfüllung aller Pläne.[101]

---

[97] Vgl. Nepit, Alexandra: a. a. O., S. 159-160.
[98] Ebd., S. 160.
[99] Ebd.
[100] Vgl. Berg, Hermann von/Loeser, Franz/Seiffert, Wolfgang: a. a. a. O., S. 13.
[101] Vgl. Rossade, Werner: Gesellschaft und Kultur in der Endzeit des Realsozialismus, Berlin 1997, S. 351.

Fernab dieser Erfolgstrunkenheit stand die Realität. Die Lebenssituation der DDR-Bevölkerung hatte sich nicht verbessert: Neue Wohnungen blieben Mangelware, während vorhandene Einheiten, häufig innerstädtische Altbauten, verrotteten. Planziele für Wohnungsneubauten wurden nicht erfüllt und viele als bezugsfertig gemeldete Neubauwohnungen waren niemals gebaut worden.[102] Schlangestehen und die tägliche Jagd auf Mangelwaren gehörten nach wie vor zum Volkssport der meisten DDR-Bewohner. Und die Versorgungslage verschlechterte sich mit Fortschreiten der achtziger Jahre spürbar.[103]

Bei weiten Teilen der Bevölkerung verstärkte all dies die Tendenz, sich von einem System abzuwenden, das sich zu keinerlei Reformen bereit zeigte. Kritisiert wurde nicht nur die mangelnde Wettbewerbsfähigkeit der DDR-Wirtschaft, sondern zunehmend auch die Rückständigkeit der sozialistischen Ökonomie insgesamt.[104] Als die Plankommission 1988 den Volkswirtschafts- und Staatshaushaltsplan für das folgende Jahr aufstellte, prognostizierte sie ein Anwachsen der DDR-Auslandsschulden um 4,4 Mrd. auf dann insgesamt 38,9 Mrd. Verrechnungsmark bis zum Ende des Kalenderjahres 1989.[105] Die drohende Staatsinsolvenz vor Augen, nahm sich der Chef der Plankommission, Gerhard Schürer, zum Anlass ein Reformkonzept zu entwickeln, um das unter Volldampf in den Bankrott fahrende Staatsschiff vor dem Untergang zu retten. Honecker und das restliche Politbüro wiesen Schürers Vorstoß brüsk zurück, denn sie fürchteten nicht zuletzt wegen des Absinkens des Lebensstandards revolteartige Unruhen im Land.[106] Statt jedoch die Fragen wirtschaftlicher Probleme mit sukzessivem Subventionsabbau zu beantworten, griff die SED zu teilweise grotesken Mitteln um sich Devisen zu beschaffen.

---

[102] Vgl. Nepit, Alexandra: a. a. O., S. 160.

[103] Bereits in den frühen achtziger Jahren waren 34 Prozent der Autos, 20 Prozent der Kühlschränke, 18 Prozent der Waschmaschinen und 6 Prozent der Fernseher älter als 15 Jahre. Altersbedingte Reparaturen und Neuanschaffungen von Geräten berührten die Menschen mehr als die hohe Überalterung und Verschleißerscheinungen industrieller Anlagen und Ausrüstungen. 42 Prozent der Wohnungen galten als verschlissen, 53 Prozent aller Krankenhäuser und 56 Prozent aller öffentlichen Gebäude für kulturelle Zwecke waren während der gesamten DDR-Zeit nicht ein einziges Mal renoviert worden. Bei den Kinos lag diese Zahl bei 64, bei den Theatern sogar bei 95 Prozent. Vgl. Mühlen, Patrik von zur: a. a. O., S. 192-193; Vgl. auch: Nepit, Alexandra: a. a. O., S. 161.

[104] Vgl. Mühlen, Patrik von zur: a. a. O., S. 193.

[105] Vgl. Nepit, Alexandra: a. a. O., S. 162.

[106] Ebd., S. 162-163.

Der von Dr. Schalck-Golodkowski fast autokratisch geführte „Bereich Kommerzielle Koordinierung" widmete sich mit wachsender Bedeutung Verkaufsaktivitäten von Kunst und Antiquitäten, Waffenhandel, Müllimporten aus der Bundesrepublik und dem Verkauf von Häftlingen. 1987/88 wurde sogar damit begonnen, Blutkonserven gegen harte Währung in die BRD zu verkaufen. Doch entsprach dies nur mehr Kosmetik, denn die ökonomischen Zustände hätten einer Generalsanierung bedurft.[107] Es herrschten Veralterung des produktiven Kapitals, Verfall von Infrastrukturen und Lebensräumen, exzessive ökologische Zerstörungen und teilweise archaische Arbeitsbedingungen. Hinzu kam eine völlige Interesselosigkeit vieler Arbeitnehmer, denn auch wenn die Unternehmen dem Staat gehörten und sich mit dem Attribut „volkseigen" schmückten, blieben die Arbeiter selbst doch besitzlos.[108] Die hohen Subventionen und Sozialausgaben hätten nur durch eine positive Entwicklung der Arbeitsproduktivität kompensiert werden können. Diese veränderte sich jedoch bereits seit den siebziger Jahren nicht mehr in dem Maße, wie es erforderlich gewesen wäre. Auf Dauer reichten die Investitionen zum Ersatz verbrauchter Ressourcen nicht mehr aus, um den Bestand zu erhalten.[109] Verschwendung und Mangel lagen auch hier durchweg dicht beieinander.

Die Agrarpreisreform von 1988 war zwar ein Schritt in die richtige Richtung, aber ihr sollte nichts Vergleichbares mehr folgen. Eine weitgehende Neuzuschneidung betrieblicher Kompetenzen, gar eine Dezentralisierung war für die SED nicht akzeptabel.[110] Noch im Herbst 1988 stand die Parteiführung den wirtschaftlichen Reformen der Sowjetunion und denen anderer Ostblockstaaten wie Ungarn oder Polen ablehnend gegenüber. Eine Freisetzung von Marktkräften betrachtete die SED zeitlebens mit Misstrauen, sogar von Verrat an der leninistischen Lehre war die Rede. Das Politbüro hielt es für utopisch, den „Plan" gegen den „Markt" zu ersetzen.[111] Im Verlauf des Jahres 1988 verschlechterte sich die

---

[107] Vgl. Wolle, Stefan: a. a. O., S. 204-210.
[108] Vgl. Ettl, Wilfried/Jünger, Jürgen/Walter, Dieter: Von der Zentralwirtschaft zur Sozialen Marktwirtschaft, in: Blanke, Thomas/Erd, Rainer (Hrsg.): a. a. O., S. 184.
[109] Vgl. Fülberth, Georg: Eröffnungsbilanz des gesamtdeutschen Kapitalismus. Vom Spätsozialismus zur nationalen Restauration, Hamburg 1993, S. 31.
[110] Vgl. Nepit, Alexandra: a. a O., S. 163.
[111] Im Jahr 1988 startete die SED jedoch ein zaghaftes Experiment. Sechzehn Industriekombinaten wurde das Recht zugesprochen, ihre Gewinne partiell in Eigenregie zu verwenden. Dieser Modellversuch lockerte die Zügel der Planvorgaben allerdings nur minimal, denn Staat und Partei schrieben den Kombinaten immer noch vor, wie sie diese Mittel auf die

wirtschaftliche Lage zusehends: Pläne konnten nicht mehr erfüllt werden, Ausrüstungen für Industrie und Infrastruktur veralteten weiter und Versorgungslücken prägten weiterhin den Alltag der Bevölkerung. Die DDR verbrauchte mehr, als ihre eigene Ökonomie erwirtschaften konnte. Hinzu kam, dass aufgrund mangelnder Wettbewerbsfähigkeit ostdeutscher Produkte hohe Subventionen auf Exporte ins nicht-sozialistische Wirtschaftsgebiet bezahlt werden mussten und somit beträchtliche Teile des Nationaleinkommens verschwendet wurden.[112] Da es dem Osten nicht mehr gelang, die vorgegebenen Exportziele zu verwirklichen, war auch die Rückzahlung bestehender Akkreditive zunehmend unmöglich. Die Verschuldung gegenüber dem Westen wuchs monatlich um 500 Millionen Verrechnungsmark, wobei 65 Prozent der Ausgaben bereits mit neuen Krediten bezahlt werden mussten. Angesichts der Weigerung der SED Reformen einzuleiten, war der wirtschaftliche Untergang nicht mehr aufzuhalten.[113]

Gegenüber der zentral gelenkten Planwirtschaft haben die über den Markt und privates Kapital koordinierten Ökonomien Effizienz, Anpassungs- und Innovationsfähigkeit bewiesen. Und so war es nicht nur der Misserfolg der Kommunisten, sondern auch die Fähigkeit der kapitalistischen Gesellschaften, neue soziale Qualitäten zu entwickeln.[114] 1990 stellte die Bundesregierung im Jahreswirtschaftsbericht fest, dass es sich bei der Sozialen Marktwirtschaft um den Dritten Weg zwischen Kapitalismus und Sozialismus handelte. Die westdeutsche Realität wurde damit auch zur Idealbesetzung für die DDR.[115]

---

sogenannten Innovations-, Reserve-, Verfügungs-, Wissenschaft- und Technikfonds aufzuteilen waren. Den einzelnen Betrieben wurde zudem verboten, ihre Effizienz auf Kosten anderer Kombinate zu steigern. Damit wurde der aufkommende Wettbewerb schon im Ansatz abgewürgt. Neben diesem Modellversuch, verkündete die SED, werde es keine weiteren Neuerungen in der Wirtschaft geben. Vgl. Ebd., S. 202-203.

[112] Vgl. Manz, Günter: Armut in der DDR-Bevölkerung. Lebensstandard und Konsumtionsniveau vor und nach der Wende, Augsburg 1992, S. 97.

[113] Vgl. Nepit, Alexandra: a. a. O., S. 203-204.

[114] Vgl. Schabowski, Günter: Abschied von der Utopie. Die DDR – das deutsche Fiasko des Marxismus, Stuttgart 1994, S. 40.

[115] Vgl. Ettl, Wilfried/Jünger, Jürgen/Walter, Dieter: a. a. O., S. 187.

Die Rolle der Intelligenz während des Vereinigungsprozesses

Die Revolution in der DDR war auch durch die westlichen Medien nicht unwesentlich gefördert worden, die dadurch einen wesentlichen Anteil an dem gefühlten „Wir" beider Gesellschaften hatten. Dass in den vorangegangenen Jahren enge Beziehungen zwischen einigen Oppositionellen der DDR und Journalisten gewachsen waren, stellte sich als vorteilhaft heraus, da die Medien nun glaubhaft die Öffentlichkeit vertraten. In den ersten Monaten gab es daher auch in der Bundesrepublik eine regelrechte Revolutionseuphorie, da die Sommerflucht-Bilder aus Ungarn auch im Westen ungeahnte Sympathiewellen erzeugten.[116] Doch zeigten sich beiderseits der Grenze längst nicht alle begeistert über den Kollaps des Arbeiter- und Bauernstaates. Günter Grass beispielsweise, der bei den Linken – auch im fremd-sprachigen Ausland – als das Gewissen der Nation, bei vielen Konservativen aber auch als selbstgerechter Wichtigtuer galt,[117] vertrat in der „Deutschen Frage" die Position der nun umbenannten SED. Grass wollte aus historischen Gründen kein starkes und vereinigtes Deutschland im Zentrum Europas.[118] Viele westdeutsche Linke hatten die DDR stets verklärt, betrachteten sie als Alternative zur Bundesrepublik und auch die Sozialdemokraten brauchten lange, um die Wendeereignisse zu akzeptieren. Als die Massen auf die Straßen gingen waren sie genauso verwirrt und hilflos wie Regierung und Militärführung der DDR.[119] Nun sollten sich die Anhänger eines Dritten Weges ans Werk machen, (nicht selten ideologisch gefärbte) Konzepte in den Ring zu werfen. „In den Wendemonaten, nicht zuletzt unter dem Eindruck der Selbstbefreiung der DDR-Bevölkerung, wurden in Westdeutschland jene Geister geweckt, die aus der DDR ein Musterland jenseits des Kapitalismus und des Sozialismus machen wollten. Die Briefkästen der oppositionellen Führungsleute quollen von Konzepten, Ratschlägen und Entwürfen für die Neuordnung von Wirtschaft und Gesellschaft über."[120]

---

[116] Vgl. Neubert, Ehrhart: a. a. O., S. 900.

[117] Vgl. Mayer, Hans: Kleine Geschichte der Zuerkennung des Nobelpreises an Günter Grass, in: Coron Verlag (Hrsg.): Nobelpreis für Literatur 1998/1999. Saramago, Grass, Lachen am Zürichsee 2000, S. 15-16.

[118] Vgl. Friedrich Schorlemmers Vortrag in der Evangelischen Akademie Bad Segeberg vom 3. März 1990: Vor den Trümmern einer gescheiterten Alternative, in: Schorlemmer, Friedrich: a. a. O., S. 13.

[119] Vgl. Braun, Johannes: Menschen und Mächte in der DDR. Der Sozialismus auf dem Prüfstand, Duderstadt 1994, S. 153.

[120] Zitiert nach: Neubert, Erhart: a. a. O., S. 900.

Dass Ideen von einem Dritten Weg zwischen Kapitalismus und Sozialismus Anhänger fanden beruhte darauf, dass sich mit der Ablehnung des SED-Regimes nicht zwangsläufig uneingeschränkte Sympathie für die Gegenseite verband. Eine große Zahl kritisch-intellektueller Geister der Deutschen Demokratischen Republik hegte, zumindest seit den sechziger Jahren, keine Sympathie für das bürgerlich-kapitalistische System. Vielmehr zielten ihre politischen Vorstellungen auf Vorgaben des Eurokommunismus, der antiautoritären Linken und, verstärkt seit den achtziger Jahren, auch auf Modelle der Ökologie- und Friedensbewegung.[121] Seit dem Ungarnaufstand von 1956 hatte die SED-Führung gegenüber der literarischen Intelligenz ein besonders misstrauisches Verhältnis entwickelt.[122] Partei und Staatssicherheit hielten solch Gedankengut für gefährlich, defätistisch und perfide. Sie sahen, dass das Monument des Absolutheitsanspruches durch linke Kritiker viel stärker durch Risse bedroht war als durch konservative oder nationale Bearbeitungsversuche. Daher fürchteten die Kommunisten nichts mehr, als die freie Meinungsäußerung des Volkes, ja selbst der eigenen Parteimitglieder.[123] Es bestand keine Bereitschaft zum Dialog. Die Kritiker des Regimes wurden von der Staatsbürokratie als „Andersdenkende" diffamiert, ausgegrenzt und kriminalisiert, obgleich ihre Anschauungen und Plattformen zwar differenziert, aber meist auf humanistischen, sozialistischen und demokratischen Werten gründeten.[124]

Auch in den medial auf die DDR zurückstrahlenden Institutionen der Bundesrepublik kamen erklärte Kommunisten, wie der 1982 verstorbene Systemkritiker Robert Havemann oder der 1977 ausgebürgerte Liedermacher Wolf Biermann, die das sozialistische System modifizieren, aber nicht beseitigen wollten, sehr viel häufiger zu Wort als Menschen, die den Sozialismus durch den Kapitalismus ersetzen wollten.[125] Noch während der Wendemonate sollten Hoffnungen auf einen Dritten Weg eine eminente Rolle spielen. Sie beflügelten viele Dissidenten, doch so schnell diese aufflammten, verschwanden sie in der Reservatenkammer der Geschichte, denn spätestens mit der demokratischen Wahl im März 1990 waren die wesentlichen Forderungen der DDR-Opposition erfüllt. Angesichts des Zusammenbruchs der sowjetischen Satellitenstaaten und der anhalten-

---

[121] Vgl. Wolle, Stefan: a. a. O., S. 335.
[122] Vgl. Fülberth, Georg: a. a. O., S. 30.
[123] Vgl. Kallabis, Heinz: Realer Sozialismus. Anspruch und Wirklichkeit, Berlin 1990, S. 207.
[124] Vgl. Ebd., S. 212.
[125] Vgl. Wolle, Stefan: a. a. O., S. 335.

den „Abstimmung mit den Füßen" blieb kein Raum mehr für sozialistische Experimente und die Befürworter eines Dritten Weges mussten alsbald feststellen, dass die Dynamik der Revolution zur Wiedervereinigung führen würde und keine Nivellierung des Sozialismus mehr zuließ.[126]

Auch die Schriftsteller der DDR sahen sich zunehmend mit der Aufgabe konfrontiert, etwas vermitteln zu müssen, was den Menschen nicht mehr zu vermitteln war. In ihren Texten tauchten daher in verstärktem Maße kritische Töne an Staat und Verwaltung auf. So entwickelte sich während der achtziger Jahre mit dem Samisdat eine äußerst heterogene Untergrundliteratur, die nicht nur Denkverbote durchbrach, sondern auch einen erstaunlichen Realismus über den tatsächlichen Reformbedarf in der DDR zu Tage förderte.[127] Und dennoch blieben viele von ihnen nur Mittler die glaubten, dass Veränderungen nur von der Partei selbst ausgehen konnten. Unter diesen befanden sich so bekannte Persönlichkeiten wie Konrad Weiß und Ulrike Poppe. Wie schwer ihr Glaube durch die Ereignisse der Jahre 1989/90 eruptiert wurde, zeigte sich in ihrem verzweifelten Appell an die Bevölkerung der DDR vom 26. November, den auch Friedrich Schorlemmer und Autoren wie Stefan Heym oder Christa Wolf unterzeichneten. Sie forderten ein neues Gesellschaftsmodell, einen reformierten und verbesserten Sozialismus.[128] In ihrem Duktus blieben sie zumeist jedoch in der Vergangenheit verhaftet, denn alte Schwarzweißmuster, das Entweder-Oder, die Wahl zwischen reformiertem Sozialismus oder Untergang im Kapitalismus waren Scheuklappen, die den tiefer werdenden Graben zwischen Anspruch und Wirklichkeit ausblendeten. Die linke Intelligenz lähmte sich mit der Unfähigkeit einen radikalen Bruch mit der Vergangenheit zu vollziehen selbst.[129] Die vereinigungstrunkene Masse der Bevölkerung hörte sie nicht mehr und am Ende mussten auch sie zur Kenntnis nehmen, dass die totalitären Ideologien des 20. Jahrhunderts nicht nur vollends gescheitert waren, sondern andererseits die vielgeschmähte bürgerlich-kapitalistische Demokratie als Sieger zurückließen.

---

[126] Vgl. Zoll, Rainer: Aufbruch?, in: Zoll, Rainer (Hrsg.): a. a. O., S. 404-409, S. 408.
[127] Vgl. Kowalczuk, Ilko-Sascha (Hrsg.): Freiheit und Öffentlichkeit. Politischer Samisdat in der DDR 1985-1989, Berlin 2002.
[128] Vgl. Grunenberg, Antonia: a. a O., S. 182.
[129] Vgl. Wolle, Stefan: a. a. O., S. 335.

Schlussbetrachtung

Für einen Dritten Weg zwischen Kapitalismus und Sozialismus bestand niemals eine Chance, wenngleich politische Akteure verschiedenster Couleur und Personen des öffentlichen Lebens entsprechende Konzepte diskutierten. Die Gründe, dass diese Option chancenlos blieb, waren vielfältig und nicht nur der konzeptlosen Oberflächlichkeit, die der Terminus Dritter Weg suggerierte, geschuldet. Es waren zuallererst die regierenden Kommunisten in Ostberlin, die stets hatten erkennen lassen, dass sie zu keinerlei Kompromissen bereit waren. Mit der SED also auf den Kurs eines Dritten Weges einschwenken? Undenkbar! Viel zu lang hatte sich die Partei notwendigen Reformen unter dem Deckmantel eigener Unfehlbarkeit verweigert, hatte Veränderungen blockiert und aufkeimenden Protest im Ansatz erstickt. All dies war aus der Angst heraus geboren, dass die Partei der Forderung nach Meinungspluralismus früher oder später ihr Glaubensmonopol hätte überantworten müssen. Demzufolge hätte die SED unweigerlich auch ihren Führungsanspruch eingebüßt. Nicht nur, dass die DDR damit ihren marxistischen Charakter verloren hätte, vielmehr wäre der Staat ohne Sozialismus nur mehr eine sinnlose Konstruktion gewesen.[130]

SED und DDR waren ein untrennbares Geflecht, eine symbiotische Beziehung die sich wechselseitig legitimierte. Vor allem aber blieben sie zeitlebens Synonyme für institutionalisiertes Unrecht. Die Eigenständigkeit der Deutschen Demokratischen Republik war stets an das sozialistische System gekoppelt und eben dieses kam in den achtziger Jahren an sein politisches Ende, an den Rand des wirtschaftlichen Bankrotts. Das Verfassungskonstrukt DDR war nur mehr durch marktwirtschaftliche Reformen zu retten, doch gab es für einen zweiten kapitalistischen Staat neben der Bundesrepublik keinerlei Daseinsberechtigung. Ohne Sozialismus wäre eine Wiedervereinigung zwangsläufig die logische Konsequenz gewesen.

Die Einheitspartei fürchtete jedwede öffentliche Diskussion über gesellschaftliche, politische und ökonomische Probleme. Jeder Versuch freier Meinungsäußerung wurde unterdrückt, mit Strafen, Disziplinarverfahren oder Rügen belegt. Doch war/ist gerade die freie Meinungsäußerung eine unabdingbare Voraussetzung für die Erfassung tatsächlicher Bewusstseinsstrukturen. Durch ihre Halsstarrigkeit entfremdete sich die politische Avantgarde mehr und mehr von den Bedürfnissen und Nöten der Öffentlichkeit. Ohne den Meinungsaustausch muss-

---

[130] Vgl. Schabowski, Günter: a. a. O., S. 11.

te die Partei also zwangsläufig Glaubwürdigkeit verlieren. Hinzu kam die offizielle Informationspolitik die es vermied, den Massen objektive wissenschaftliche Analysen zur Verfügung zu stellen. Der ideologische Dogmatismus förderte entgegen seiner beabsichtigten Stoßrichtung gleichermaßen eine Manifestierung reformsozialistischer, aber auch systemfeindlicher Denkansätze. Besonders die seit den Sechzigern geborene Jugend distanzierte sich in zunehmendem Maße von den Vorgaben der Partei. Besonders seit den siebziger Jahren, im Gefolge der Helsinkikonferenz, in der Hochphase der Entspannung erschien die offizielle Propaganda zunehmend als monotone Repetition hohler Phrasen. Antifaschismus, Antikapitalismus, der Kampf um den Frieden oder der sogenannte Wettbewerb im Sozialismus waren Topoi, denen der DDR-Bürger in irgendeiner Variation täglich begegnen musste, und je öfter er die Begriffe hörte, desto mehr nutzten sie sich ab. Die Menschen machten es mit, weil es sein musste, aber es hing ihnen buchstäblich zum Halse heraus. So war es vielen auch möglich, noch am 7. Oktober 1989, dem 40. Gründungstag der DDR, auswendig gelernte Parolen und die Kampflieder des Sozialismus zu schmettern, um selbige nur wenige Tage später emotionslos über Bord zu werfen. Diese Jugend war in der DDR nicht mehr heimisch geworden. Sie verlangte Freiheit, wollte reisen, wollte sich gemäß individueller Fähigkeiten frei entscheiden und entwickeln. Dafür bot die starre Ideologie des Regimes keinerlei Raum. Die DDR, nicht unbedingt der Sozialismus selbst, verlor die Zuneigung der jungen Bürger und ein Staat, der seine Jugend nicht hinter sich zu versammeln weiß, kann keine Zukunft haben.

Partei und Staatsführung propagierten Ideale und Werte des Sozialismus, die Gegner und Befürworter gleichermaßen auf irgendeine Art und Weise verinnerlichten. Dies hatte zur Folge, dass die Menschen zunehmend auf die Widersprüche stießen, die sich zwischen Anspruch und Wirklichkeit auftaten und unweigerlich zu Zweifeln, zunächst weniger am System selbst, zumindest aber an seiner Umsetzung führen mussten. Die Menschen hatten gesehen, dass die Werte, die ihnen propagiert wurden, nur mangelhaft oder gar nicht umgesetzt werden konnten. Zwangsläufig begünstigte dies das Entstehen einer Atmosphäre, in der Mängel am gesellschaftlichen Zustand weniger ideologisch kompensiert, sondern zunehmend verbalisiert wurden. Dennoch führte dieses Räsonnement nicht zwangsläufig zur Ablehnung des Systems. Es zeigte vielmehr, dass sich die

Menschen mit den propagierten Idealen und Werten vertraut gemacht hatten und Verbesserungsbedarf sahen.[131]

Eine der Hauptursachen für den Zusammenbruch des Systems war der wirtschaftliche Niedergang, der zugleich ein öffentliches Bewusstsein für den Zustand des Staates herstellte. Not der Bürger förderte die Kommunikation und Gespräche über die teilweise eklatanten Versorgungsengpässe nahmen einen breiten Raum ein.[132] Die zunehmend lauter werdende Kritik war zugleich ein Indikator für das Maß an Unzufriedenheit und eine wachsende Entfremdung zwischen Volk und den so genannten Volksvertretern. „Die SED war überzeugt, man muß dem Menschen nur eine Arbeit und etwas zu essen geben, dann wird er gut."[133] Doch verlangte das Volk inzwischen mehr als Arbeit und die sprichwörtliche warme Mahlzeit. Die im Gefolge der KSZE-Konferenz von Helsinki aufkommende Atmosphäre der Entspannung lieferte argumentative Hintergründe für neue kritische Strömungen. Eine desolate Wirtschaft, die restriktive Innenpolitik, sowie die großen internationalen Prozesse entlockten den Bürgern der DDR mehr und mehr defätistische Kommentare, Kritiken und Witze, die die Autorität des SED-Regimes zunehmend unterminierten.

Die oppositionelle Geisteshaltung nahm zu, die sich zudem immer öfter von passivem in aktiven Widerstand wandelte. Mitte der achtziger Jahre sollte sich in der DDR eine Demokratisierungsbewegung formieren. Unter dem schützenden Dach der evangelischen Kirche versuchte eine äußerst heterogene Opposition den Frust der Menschen zu kanalisieren. Trotz der Vielstimmigkeit der Bewegung fanden sich in den verschiedenen, teilweise nur in Stichworten formulierten Programmansätzen übereinstimmende Forderungen nach einem Dritten Weg, einer Synthese von Freiheit und Gleichheit. Sie verlangten die schonungslose Bestandsaufnahme der politischen, wirtschaftlichen und ökologischen Situation der DDR, das Recht auf freie Meinungsäußerung, Rechtsstaatlichkeit und strikte Gewaltenteilung, die Zulassung weiterer Parteien und demokratischer Organisationen, die Herstellung eines breiten öffentlichen Diskurses, auch in

---

[131] Vgl. Kallabis, Heinz: a. a. O., S. 214.
[132] Vgl. Mühlen, Patrik von zur: a. a. O., S. 194-195.
[133] Zitiert nach: Eppelmann, Rainer: Jetzt wird dein Leben ganz anders, in: Jesse, Eckhard (Hrsg.): a. a. O., S. 177.

den Medien, die Vereinigungs- und Versammlungsfreiheit, Spielraum für wirtschaftliche Initiativen von unten, sowie die Kontrolle der Staatssicherheit.[134]

Spätestens mit den freien Wahlen im März 1990 waren diese ersten Bataillone demokratischer Kultur jedoch überflüssig geworden, denn all ihre Forderungen waren sukzessiv erfüllt worden. Anstatt einen radikalen Bruch mit der Vergangenheit zu vollziehen, wollten sich viele auf einen wenig konkretisierten Dritten Weg einer eigenständigen DDR begeben. Dies verdeutlichte, dass auch die Opposition nur ein Teil der DDR war, der nun das Schicksal des Staates teilen musste. Der Anfang Dezember konstituierte Runde Tisch, eine Art Nebenregierung, war nur mehr institutionalisierte Ohnmacht. Die Bürger interessierten sich immer weniger für ihn. Hinzu kam jetzt, dass jeder der sich nicht eindeutig zu einer schnellen Wiedervereinigung bekannte, von weiten Teilen des Volkes mit Zuneigungsentzug bestraft wurde. Dies galt für Parteien in der Bundesrepublik genauso wie für die Bürgerrechtsgruppierungen der DDR. Für Dritte-Wegs-Konzeptionen oder neosozialistische Experimente waren die Bürger immer weniger empfänglich.[135]

Deutschland stand im Konflikt zwischen Marxismus und Liberalismus, der nicht nur das Land, sondern die ganze Welt teilte, zwischen den Fronten. Die deutsche Frage war nie zufriedenstellend beantwortet worden. Jetzt, im Herbst 1989, stand sie wieder auf der Agenda. Dieses ungelöste Problem war stets die Achillesferse der SED, hatte sie es doch zeitlebens nicht vermocht, den Sozialismus in ganz Deutschland umzusetzen. Folglich war es auch gar nicht möglich, sich umfassend vom anderen, kapitalistischen Teil zu isolieren, denn es entstand eine Konkurrenzsituation zwischen DDR und BRD, in der erstere Legitimität ersuchte, indem sie wieder und wieder aufs Neue vermeintliche Überlegenheit demonstrierte. Da auch die Menschen der DDR diesem Konkurrenzkampf unterlagen, kam es zwangsläufig zu Systemvergleichen, die die Divergenz zwischen Anspruch der Ideologie und der Wirklichkeit im realsozialistischen System verdeutlichte. Derartige Vergleiche förderten jedoch auch die Bindung zwischen den Deutschen in Ost und West, denn sie riefen unterschwellig immer auch die Zusammengehörigkeit ins Gewissen. Dies, im Zusammenspiel mit der ungelösten nationalen Frage, verhinderte, dass die von der Führung per Beschluss verordnete eigene, sozialistische Nationalität im Bewusstsein der Bürger ankam.

---

[134] Vgl. Lindner, Bernd: a. a. O., S. 51.
[135] Ebd., S. 139.

Dazu wäre eine völlige Ausblendung der gemeinsamen Geschichte nötig gewesen, die aufgrund der vielschichtigen Verbindungen zwischen den Menschen in Ost und West jedoch nicht möglich war. Die Bemühungen der Kader „unsere Heimat DDR" in den Köpfen der Menschen zu verankern bewirkte das genaue Gegenteil. Der Wunsch, das Gefängnis zu verlassen, wurde größer; wie auch das Zusammengehörigkeitsgefühl eher gestärkt als unterminiert wurde.[136]

Seit der ungarischen – später auch der innerdeutschen – Grenzöffnung bot sich den Menschen die Gelegenheit zur Flucht. Hunderttausende sollten diese Chance wahrnehmen, um ihr Paradies der Werktätigen zu verlassen. Doch ein Staat, dem die Menschen davonlaufen hat überhaupt keine Zukunft. Keiner wusste das so genau wie die Kommunisten selbst, hatten sie dem gleichen Problem doch schon einmal 1961 begegnen müssen. Um die Bewohner der Noch-DDR vor Ort zu halten, mussten Lösungen gefunden werden, die den Bürgern die notwendige Sicherheit und Dauerhaftigkeit der Demokratisierung garantierten. Die Umsetzung der Wirtschafts- und Währungsunion war ein solches Instrument. Die Bundesregierung unter Helmut Kohl hatte sich zwar schon frühzeitig für umfangreiche Finanzhilfen ausgesprochen, diese jedoch an eine weitreichende Systemtransformation gekoppelt. Bundesdeutsche Politiker waren also nicht bereit, sozialistische Experimente mit westdeutschen Steuer- und Kreditmilliarden zu finanzieren, denn das hätte nicht nur den Wohlstand im Westen stark dezimiert, aufgrund der zu erwartenden innerdeutscher Neiddebatte hätte dies die Nation vermutlich stärker gespalten, als es in den vierzig Jahren der Trennung jemals der Fall war.

Ohnehin war die DDR seit langem die schlechtmöglichste Kopie kapitalistischer Staaten, denn spätestens mit dem Aufstieg von Schalck-Golodkowskis Abteilung für Kommerzielle Koordinierung war deutlich geworden, dass es nicht mehr um die Entwicklung des Sozialismus, sondern nur noch um eine Devisenbeschaffung ging, die den drohenden wirtschaftlichen Kollaps hinauszögern sollte. Ökonomisch war die DDR in zweierlei Hinsicht hochgradiger Abhängigkeit unterworfen. Zum einen war sie auf sowjetische Rohstofflieferungen angewiesen, zum anderen auf westliche Exporteinnahmen. Da ostdeutsche Produkte aber von zunehmend schlechterer Qualität waren als Vergleichsstücke aus dem Westen, konnten sie zumeist auch nur zu sehr niedrigen Preisen verkauft werden. Die Regierung der DDR musste die Differenz zwischen dem niedrigen

---

[136] Vgl. Kallabis, Heinz: a. a. O., S. 216.

Verkaufspreis und den hohen Herstellungskosten durch Subventionen kompensieren, an denen der Staat letztendlich zu Grunde ging. Die Wirtschaft bedurfte einer grundlegenden Sanierung und die war nur durch privates Kapital und eine umfassende Öffnung zu bewerkstelligen. Ein neosozialistisches Zwangskorsett im Rahmen eines Dritten Weges wäre absolut kontraproduktiv, utopisch und unfinanzierbar gewesen.

In intellektuellen Kreisen gab es vielschichtige Vorstellungen über einen Dritten Weg. Sie wollten die Vorzüge der Bundesrepublik mit den sozialen Errungenschaften der DDR vereinen. Am System des Sozialismus gefiel ihnen der geringe Leistungsdruck, der Schutz vor persönlichen Risiken und das soziale Auffangnetz. Die Vorzüge der BRD waren vor allem der materielle Wohlstand, jedwede Möglichkeiten des Konsums und die vielfältigen Variation von Freiheit.[137] Doch auch sie mussten erkennen, dass die Realität diesem Traum entrückte. Ihre Ideen entsprangen noch dem Umfeld der Diktatur, die sie eigentlich verbessern wollten. Dass die Autokratie eines Tages selbst verschwinden würde, damit hatten sie nicht gerechnet und so waren auch sie nur mehr ein Teil der Vergangenheit, die von der neuen Situation überrollt wurde. Ihre Bedenken gegen eine deutsche Wiedervereinigung wurden so gnadenlos von der Masse ignoriert, wie die stets schwammigen Konzeptionen über einen Dritten Weg, die zu Beginn des deutschen Herbstes vielleicht einige Tage Popularität genossen hatten, die jedoch unter den Füßen des Trecks, der sich gen Westen aufmachte, zertreten wurden.

---

[137] Vgl. Kallabis, Heinz: a. a. O., S. 215.

Bibliographie

Berg, Hermann von/**Loeser**, Franz/**Seiffert**, Wolfgang: Die DDR auf dem Weg ins Jahr 2000. Politik – Ökonomie – Ideologie. Plädoyer für eine demokratische Erneuerung, Köln 1987.

Blanke, Thomas/**Erd**, Rainer (Hrsg.): DDR – Ein Staat vergeht, Frankfurt am Main 1990.

Braun, Johannes: Menschen und Mächte in der DDR. Der Sozialismus auf dem Prüfstand, Duderstadt 1994.

Förster, Peter/**Roski**, Günter: DDR zwischen Wende und Wahl. Meinungsforscher analysieren den Umbruch, Berlin 1990.

Foitzik, Jan: Abrassimow, Pjotr Andrejewitsch, in: Müller-Enbergs, Helmut/Wielgohs, Jan/Hoffmann, Dieter (Hrsg.): Wer war wer in der DDR. Ein biographisches Lexikon, Leck 2003, S. 11.

Fülberth, Georg: Eröffnungsbilanz des gesamtdeutschen Kapitalismus. Vom Spätsozialismus zur nationalen Restauration, Hamburg 1993.

Gallus, Alexander/**Jesse**, Eckhard: Was sind Dritte Wege? Eine vergleichende Bestandsaufnahme, in: http://www.bpb.de/publikationen/ 3L92WA,2,0, Was_sind_Dritte_Wege.html#art2, 13.06.2004.

Görtemaker, Manfred: Kleine Geschichte der Bundesrepublik Deutschland, Bonn 2002.

Gotschlich, Helga: Ausstieg aus der DDR. Junge Leute im Konflikt, Berlin 1990.

Jesse, Eckhard (Hrsg.): Eine Revolution und ihre Folgen. 14 Bürgerrechtler ziehen Bilanz, 2. Aufl., Berlin 2001.

Kallabis, Heinz: Realer Sozialismus. Anspruch und Wirklichkeit, Berlin 1990.

Königsdorf, Helga: Adieu DDR. Protokolle eines Abschieds, Hamburg 1990.

Korte, Karl-Rudolf: Das vereinte Deutschland. 1989/90–2001, Erfurt 2002.

Kowalczuk, Ilko-Sascha (Hrsg.): Freiheit und Öffentlichkeit. Politischer Samisdat in der DDR 1985–1989, Berlin 2002.

Lindner, Bernd: Die demokratische Revolution in der DDR 1989/90, Bonn 1998.

Manz, Günter: Armut in der DDR-Bevölkerung. Lebensstandard und Konsumtionsniveau vor und nach der Wende, Augsburg 1992.

Mayer, Hans: Kleine Geschichte der Zuerkennung des Nobelpreises an Günter Grass, in: Coron Verlag (Hrsg.): Nobelpreis für Literatur 1998/1999. Saramago, Grass, Lachen am Zürichsee 2000.

Mühlen, Patrik von zur: Aufbruch und Umbruch in der DDR. Bürgerbewegungen, kritische Öffentlichkeit und Niedergang der SED-Herrschaft, Bonn 2000.

Nepit, Alexandra: Die SED unter dem Druck der Reformen Gorbatschows. Der Versuch der Parteiführung, das SED-Regime durch konservatives Systemmanagement zu stabilisieren, Baden-Baden 2004.

Neubert, Ehrhart: Geschichte der Opposition in der DDR, 2. Aufl., Berlin 1998.

Plato, Alexander von: Die Wiedervereinigung Deutschlands - ein weltpolitisches Machtspiel, Bonn 2002.

Rossade, Werner: Gesellschaft und Kultur in der Endzeit des Realsozialismus, Berlin 1997.

Schabowski, Günter: Abschied von der Utopie. Die DDR – das deutsche Fiasko des Marxismus, Stuttgart 1994.

Schorlemmer, Friedrich: Bis alle Mauern fallen. Texte aus einem verschwundenen Land, Berlin 1991.

Stolpe, Manfred: Schwieriger Aufbruch, Berlin 1992.

Wolle, Stefan: Die heile Welt der Diktatur. Alltag und Herrschaft in der DDR 1971–1989, 2. Aufl., Bonn 1999.

Zoll, Rainer (Hrsg.): Ostdeutsche Biographien. Lebenswelt im Umbruch, Frankfurt am Main 1999.

Der Weg zur deutschen Einheit.
Die Rolle der Bundesregierung unter Helmut Kohl während
des Wiedervereinigungsprozesses
von Franziska Eichhorn (2009)

Einleitung

Die Lage der DDR im Herbst 1989 war mehr als schwierig. Immer mehr Menschen verließen das Land, die ungarische Grenzöffnung im September führte zu einer regelrechten Massenflucht und auf den Montagsdemonstrationen wurden verstärkt die Rufe nach umfassenden Reformen laut. Mit dem Fall der Berliner Mauer am 9. November 1989 hatte keiner gerechnet. Dieses Ereignis und der fortschreitende Verfall der DDR zwangen die BRD und die Alliierten dazu, ihr deutschlandpolitisches Denken zu ändern und den Gegebenheiten anzupassen. Das Thema „Wiedervereinigung" kam aber nur langsam und sehr zögerlich auf die Tagesordnung. Die erste Initiative in Richtung deutsche Wiedervereinigung ergriff in diesem Zusammenhang die Bonner Regierung unter Kanzler Helmut Kohl.

Im Mittelpunkt dieser Arbeit steht das außenpolitische Vorgehen der Bundesregierung unter Helmut Kohl auf dem Weg zur deutschen Einheit von November 1989 bis zur Unterzeichnung des Einigungsvertrages im September 1990. Dabei soll untersucht werden, welche Rolle die Bundesregierung selbst im Einigungsprozess gespielt hat, ob sie selbst gestalterisch am Einigungsprozess mitwirken konnte und inwieweit sie Unterstützung durch die anderen Westmächte erhalten hat.

Im ersten Teil der Arbeit soll die Diskussion um das deutschlandpolitische Handeln nach dem Mauerfall und die Entwicklung des „Zehn-Punkte-Plans" dargestellt werden. Weiterhin sollen die Verhandlungen mit den Vier Mächten im Dezember 1989 und die Versuche der Bundesregierung, in Zusammenarbeit mit den USA nachträglich die Zustimmung für den „Zehn-Punkte-Plan" zu gewinnen, dargestellt werden. Im zweiten Teil der Arbeit möchte ich auf das Treffen Helmut Kohls mit dem französischen Staatspräsidenten François Mitterand eingehen und erläutern, wie sich die politische Kehrtwende in Moskau vollzogen hat. Weiterhin möchte ich drei grundlegende Probleme auf dem Weg zur Einigung vorstellen. Dazu zählen die Diskussion um den militärischen Status des vereinigten Deutschland und die Grenzfrage sowie die innerdeutsche Debatte um den Vereinigungsweg. Abschließend möchte ich den Verlauf der „Zweiplus-Vier"- Verhandlungen skizzieren und die letzten Treffen der Bundesregierung in Paris und Moskau.

Das Jahr 1989

Kohls deutschlandpolitische Initiative: Der „Zehn-Punkte-Plan"

Als Helmut Kohl am 9. November 1989 die Nachricht von der Grenzöffnung in der DDR übermittelt bekam, hielt er sich gerade wegen eines Staatsbesuch in Polen auf.[138] Angesichts der bedeutenden Entwicklungen in der DDR machte sich der Kanzler sofort auf den Weg nach Berlin. Am 10. November nahm er zusammen mit Willy Brandt und Hans Dietrich Genscher an einer Kundgebung vor dem Schöneberger Rathaus in Berlin teil. Während seiner ständig von Protesten unterbrochenen Rede versuchte Kohl beruhigend auf die vor dem Rathaus versammelte Menschenmasse einzuwirken. Auf eine mögliche bevorstehende Wiedervereinigung der beiden deutschen Staaten ging Kohl in seiner Rede nicht ein. Ebenso wie seine Mitredner wollte er „jedweden nationalistischen Überschwang vermeiden"[139], um das Ausland nicht unnötig zu beunruhigen.

Eine klare politische Zielstellung der BRD lag erst Ende November in Form des „Zehn- Punkte-Plans" vor. In der Zwischenzeit entbrannte ein politischer Streit sowohl zwischen Regierung und Opposition als auch innerhalb der Parteien über das weitere deutschlandpolitische Handeln.[140] Im Mittelpunkt der Streitigkeiten stand die Frage, ob der Demokratisierungsprozess in der DDR beschleunigt werde indem man wirtschaftliche Unterstützung an die Bedingung des radikalen Systemwandels knüpfte oder ob der politische Wandel in der DDR gerade durch die Hilfe begünstigt werde. Bei der westdeutschen Bevölkerung hinterließen die Zänkereien eher den Eindruck kleinlicher, parteitaktisch motivierter Auseinandersetzungen. Kanzler Kohl wurde wegen seiner Rede vor dem Schöneberger Rathaus von dem damaligen Berliner Bürgermeister Momper und Bundespräsident Richard von Weizsäcker kritisiert. Streit gab es auch um den vom SPD-Vorsitzenden eingeworfenen Vorschlag, ob Regierung und Opposition nicht gemeinsam am „Runden Tisch" über das weitere Vorgehen beraten sollten. Die Medien forderten die Politiker schließlich auf, „ihr parteitaktische Spiel zu be-

---

[138] Vgl. im Folgenden: Steininger, Rolf: 1974 bis zur Gegenwart. (= Deutsche Geschichte. Darstellung und Dokumente in vier Bänden, Bd. 4). Frankfurt a.M. 2002, S.179ff.

[139] Winkler, Heinrich-August: Deutsche Geschichte vom „Dritten Reich" bis zu Wiedervereinigung. (= Der lange Weg nach Westen, Bd. 2). München 2000, S. 519.

[140] Vgl. im Folgenden: Jäger, Wolfgang: Die Überwindung der Teilung. Der innerdeutsche Prozess der Vereinigung 1989/90. (= Geschichte der deutschen Einheit, Bd. 3). Stuttgart1998. S.62ff.

enden und in der Deutschlandpolitik konzeptionelle Positionen zu entwickeln."[141]

Im Bundeskanzleramt und in den Parteiführungen stand dagegen die Frage im Mittelpunkt, wer das „Thema ‚Deutsche Einheit' besetze"[142] und „wem die Meinungsführerschaft zufalle"[143] Den ersten Schritt wagte DDR-Ministerpräsident Hans Modrow am 17. November 1989. Er schlug die Bildung einer „Vertragsgemeinschaft" zwischen beiden deutschen Staaten vor und betonte, dass eine deutsche Wiedervereinigung nicht Ziel seiner Politik sei. Allerdings führte Modrows Angebot nicht dazu, dass das Thema Wiedervereinigung wieder in der Versenkung verschwand. Die westdeutschen Politiker wollten einen Schritt weitergehen und vielfach wurde die Idee zur Herstellung einer Konföderation entwickelt. Die SPD geriet aufgrund der Äußerungen Oskar Lafontaines bezüglich der entstehenden finanziellen Lasten durch die große Zahl an Übersiedlern aus der DDR in die Defensive.

Am 21. November 1989 legte Nikolai Portugalow während eines Treffens mit Horst Teltschik diesem ein Papier mit sowjetischen Überlegungen zur weiteren Entwicklung der DDR vor.[144] In diesem Papier wurden weitreichende Punkte bezüglich des Themas „Deutsche Frage" sowie konkrete Überlegungen und Fragen in Richtung deutsche Einheit angesprochen. Portugalow wollte auf diese Weise herausfinden, was der Bundeskanzler plante und die deutschlandpolitische Führung wiedergewinnen.[145] Doch er erreichte damit etwas ganz anderes. Teltschik musste feststellen, dass die sowjetische Führung in ihrem deutschlandpolitischen Denken scheinbar viel weiter war als die Bundesregierung. Nach seinem Gespräch mit Portugalow schlug Teltschik deswegen am 23. November. die Erarbeitung eines „Wiedervereinigungskonzeptes" vor. Er war der Auffassung, dass Helmut Kohl, falls er nicht in den Hintergrund gedrängt werden wolle, unverzüglich die Initiative ergreifen müsse.[146] Der vornehmlich von Teltschik ausgearbeitete Entwurf lag Helmut Kohl am 25./26. November vor. Nachdem er selbst Ergänzungen und Verbesserungen eingefügt hatte, stellte Kohl dieses als

---

[141] Jäger 1998, S. 62.
[142] Ebenda, S. 62.
[143] Ebenda, S. 62.
[144] Vgl. Steininger 2002, S. 187.
[145] Vgl. Jäger 1998, S. 64.
[146] Vgl. Plato, Alexander von: Die Vereinigung Deutschlands – ein weltpolitisches Machtspiel. Berlin 2002, S.119.

„Zehn-Punkte-Plan" in die Geschichte eingegangenes Konzept am 28. November 1989 im Bundestag vor. Weder die Alliierten noch die Bundesregierung noch Außenminister Hans Dietrich Genscher waren vorab von Kohls Vorgehen informiert worden. Der Kanzler bot der DDR-Regierung eine Ausweitung der deutsch-deutschen Beziehungen unter der Bedingung an, dass sich in der DDR ein grundlegender Wandel des politischen und wirtschaftlichen Systems vollziehe.[147] Kohl griff auch den von Modrow schon geäußerten Gedanken einer „Vertragsgemeinschaft" auf und erklärte, konföderative Strukturen zwischen beiden Staaten herstellen zu wollen. Ziel dieses Vorgehens sollte letztendlich die Herstellung einer Föderation, d.h. bundesstaatlicher Strukturen, sein. Mit seinem „Zehn-Punkte-Plan" erklärte Kohl als erster führender Politiker die Vereinigung der deutschen Staaten explizit als Ziel seiner Politik und setzte damit die Wiedervereinigung überhaupt erst auf die internationale politische Tagesordnung.[148] Doch nicht nur das, Kohl wollte auf diese Weise auch die deutschlandpolitische Initiative vor der 1990 bevorstehenden Bundestagswahl gewinnen.[149] Kohl galt im Herbst 1989 nicht mehr als geeigneter Kandidat, um der CDU einen erneuten Wahlsieg zu bescheren. Die Koalition aus CDU, CSU und FDP schien ausgelaugt und am Ende ihrer Gemeinsamkeiten, was im Einigungsprozess immer deutlicher hervortrat. Bei der Abstimmung im Bundestag am 1. Dezember 1989 stimmten nur die Koalitionsparteien dem „Zehn-Punkte-Plan" zu. Die Sozialdemokraten enthielten sich ihrer Stimme, die Grünen stimmten dagegen.

Die Reaktion der vier Mächte: Zwischen Zustimmung und Protest

Die Westmächte waren über Kohls schnelles Vorgehen überwiegend beunruhigt. Aus der Sicht Frankreichs fehlten in Kohls Programm wichtige Punkte wie z.B. die internationalen Aspekte einer deutschen Wiedervereinigung und insbesondere sicherheitspolitische Aspekte.[150] Auch die Frage bezüglich der deutsch-polnischen Grenze vermisste die französische Regierung. Außerdem schrieb der Vertrag zur deutsch-französischen Zusammenarbeit vorherige Konsultationen

---

[147] Vgl. Winkler 2000, S.523.
[148] Vgl. Weidenfeld Werner: Handwörterbuch zur deutschen Einheit. Frankfurt a.M. 1992, S. 248.
[149] Vgl. im Folgenden: Ritter, Gerhard: Der Preis der deutschen Einheit. Die Wiedervereinigung und die Krise des Sozialstaates. München ²2007, S.18ff.
[150] Vgl. Schabert, Tilo: Wie Weltgeschichte gemacht wird. Frankreich und die deutsche Einheit. Stuttgart 2002, S. 421.

vor. Am 30. November 1989 forderte Mitterand in einem Gespräch mit Hans-Dietrich Genscher die unbedingte Gleichzeitigkeit von deutscher Einigung und Vertiefung der europäischen Integration.[151] Mit Kritik an Kohl und seiner Politik hielt sich der französische Staatspräsident in öffentlichen Äußerungen und Gesprächen jedoch zurück. Da er die deutsch-französische Freundschaft nicht unnötig aufs Spiel setzen wollte, bekannte er sich offiziell zur deutschen Wiedervereinigung. In Wirklichkeit hatte er aber Vorbehalte gegenüber der Einheit und versuchte aus Angst davor, dass nach der Einigung die Vertiefung der Europäischen Gemeinschaft nicht mehr vorangetrieben werde, den Einigungsprozess zu bremsen. Mitterand wünschte sich eine enge Einbindung Deutschlands in die Europäische Gemeinschaft durch den Abschluss einer europäischen Wirtschafts- und Währungsunion. Helmut Kohl versuchte den französischen Staatspräsidenten in einem Brief vom 5. Dezember 1989 mit der Erklärung zu beruhigen, dass Deutschland auch weiterhin an einer Vertiefung des europäischen Integrationsprozesses festhalten und die deutsch-polnische Grenze auf gar keinen Fall in Frage stellen werde.

Auf noch stärkere Ablehnung stieß die Politik Kohls bei Großbritanniens Premierministerin Margaret Thatcher. Mit ihrer Angst vor einer Zerstörung des europäischen Gleichgewichts durch eine Hegemonie Deutschlands vertrat sie traditionelle Elemente der britischen Außenpolitik. Außerdem fürchtete sie eine Gefährdung der Position Gorbatschows und damit eine Verzögerung des sowjetischen Reformprozesses. So musste Kohl vor allem von britischer Seite harsche Kritik einstecken und zum Teil den Vorwurf hinnehmen, sich kaum um die Belange der vier Mächte und der Europäischen Gemeinschaft zu kümmern. Vor allem sein Verzicht darauf, die anderen Mächte von seinem Vorhaben zu informieren, wurde stark getadelt. Doch Helmut Kohl hatte bewusst darauf verzichtet, die Alliierten über seinen Plan zu informieren, um Einwänden und langwierigen Diskussionen aus dem Weg zu gehen. Lediglich die amerikanische Regierung sollte eingeweiht werden. Aufgrund eines Übermittlungsfehlers scheiterte dies jedoch. Präsident George Bush stellte sich trotz fehlender Hintergrundinformationen sofort hinter den Kanzler und bekräftigte so das enge deutsch-amerikanische Bündnis. Die starke Zusammenarbeit zwischen Bundesregierung und USA war ein wichtiger Faktor im Einigungsprozess. Als „partners in leadership" unterrichtete Kohl Bush von jedem Telefonat mit Gorbatschow. Ebenso

---

[151] Vgl. im Folgenden: Ritter 2007, S.23f.

wurde der amerikanisch-sowjetische Gipfel vor- und nachbesprochen. Kohl versicherte immer wieder seine Bündnistreue, was die Grundlage für das Einvernehmen mit Washington war. Die amerikanische Regierung bezeichnete die Wiedervereinigung später als „Sternstunde der Diplomatie", da Kohl durch sein rasches und konsequentes Handeln Einheitsgegnern kaum die Möglichkeit zur Gegenwehr gelassen habe.[152]

Die USA stellten ihrerseits vier Bedingungen für die Einheit, die Außenminister James Baker am 29. November in einem Pressegespräch mitteilte: Erstens müsse das Selbstbestimmungsrecht der Deutschen eingehalten werden. Weiterhin müsse auch ein wiedervereinigtes Deutschland der NATO und der Europäischen Gemeinschaft angehören und die besonderen Vollmachten der Alliierten berücksichtigt werden. Drittens müsse die Einigung friedlich, allmählich und Schritt für Schritt von statten gehen und dürfe die Stabilität Europas nicht gefährden. Als letztes müssen die Bestimmungen der Schlussakte von Helsinki eingehalten werden, d.h. die deutsch-polnische Grenze müsse anerkannt werden. Hauptbedingung der USA für eine Befürwortung des Wiedervereinigungsprozesses war die Einbeziehung Deutschlands in das westliche Allianzsystem. Auch für Helmut Kohl war eine deutsche Wiedervereinigung nur in diesem Rahmen denkbar.

Bei einem Treffen Außenminister Genschers mit Gorbatschow am 5. Dezember 1989 in Moskau äußerte dieser offen seine Kritik an Kohls „Zehn-Punkte-Plan".[153] Sehr aufgebracht warf Gorbatschow der Bundesregierung vor, dass sie bestehende Vereinbarungen ignoriere, ultimative Forderungen stelle und versuche, den Wiedervereinigungsprozess künstlich zu beschleunigen. Kohls Vorgehen, so Gorbatschow, vermittle den Eindruck, er wolle sich die DDR durch eine Blitzvereinigung einverleiben. Die Ablehnung der Moskauer Regierung kam für den Kanzler nach dem zuvor positiv verlaufenen Gespräch zwischen Teltschik und Portugalow sehr überraschend.[154] In einem Brief vom 14. Dezember 1989 versuchte Helmut Kohl, die sowjetische Regierung zu beruhigen. Er erklärte darin, dass es nicht in seinem Interesse sei, die DDR unnötig zu destabilisieren. Dies sei eine Folge der jahrelangen Verweigerung und Verzögerung von Reformen in der DDR. Seine „Zehn Punkte" seien nur als Rahmen für die weitere Entwicklung gedacht. Somit handele es sich bei den einzelnen Punkten nicht um feste Vorgaben, sondern lediglich um Vorschläge. Abschließend unterstrich der

---

[152] Vgl. im Folgenden: Steininger 2002, S. 190.
[153] Vgl. im Folgenden: Ritter 2007, S. 27f.
[154] Vgl. Winkler 2000, S. 524.

Kanzler als Leitmotiv „die künftige Architektur Deutschlands in die künftige Architektur Gesamteuropas einzubetten."[155]

Dezember 1989: Verhandlungen mit den Vier Mächten

Angesichts der Verunsicherung der Westmächte ging es Helmut Kohl in der Folgezeit nach dem Erscheinen seines „Zehn-Punkte-Plans" darum, die anderen Länder für sein Vorhaben zu gewinnen und die Wogen wieder etwas zu glätten. Auf der am 4. Dezember stattgefundenen Konferenz der Staats- und Regierungschefs in Brüssel versuchte Kohl die Westmächte mit dem Hinweis zu beruhigen, dass die weitere Westintegration Deutschlands die Vorbedingung seiner „Zehn Punkte" sei.[156] Außerdem werde sich die letzte Phase des Einigungsprozesses, die Bildung einer Konföderation, nicht von heute auf morgen, sondern frühestens in fünf Jahren realisieren lassen. Präsident George Bush bezog auch hier wieder klar Position und legte ein eindeutiges Bekenntnis zur deutschen Wiedervereinigung ab indem er seine „Vier Prinzipien" vorstellte. Nur der italienische Ministerpräsident Andreotti und die britische Premierministerin Margaret Thatcher erhoben Protest. Alle anderen Partner sprachen sich für die Prinzipien der amerikanischen Regierung aus.

Am 8. und 9. Dezember 1989 kamen alle Staats- und Regierungschefs der Europäischen Gemeinschaft in Straßburg zusammen. Im Vorfeld hatte Kohl dem französischen Präsidenten Mitterand mitgeteilt, dass er ihm bezüglich der Frage der europäischen Wirtschafts- und Währungsunion weit entgegen kommen würde. Trotzdem widersetzte sich Kohl zunächst als das Datum für eine Regierungskonferenz zur Währungsunion festgelegt werden sollte.[157] Mitterand soll daraufhin gedroht haben, die deutsche Wiedervereinigung zu blockieren, falls Kohl sich der Währungsunion widersetze. Kohl stimmte schließlich einer Konferenz noch vor Ende 1990 zu. Mitterand erklärte sich mit dem Recht der Deutschen auf Selbstbestimmung einverstanden. Diese Zustimmung Frankreichs zur deutschen Wiedervereinigung hatte Kohl nach Meinung vieler mit einem hohen Preis bezahlt.[158] Mit dem Vorantreiben der europäischen Währungsunion noch

---

[155] Ritter 2007, S. 27.
[156] Vgl. im Folgenden: Winkler 2000, S. 524.

[157] Vgl. im Folgenden: Schabert 2002, S.426.
[158] Winkler 2000, S. 526.

bevor Europa seine Identität gefunden und ein staatsähnliches Gebilde geworden war ging der Bundeskanzler ein hohes Risiko ein. Indem er die D-Mark, ein Symbol der Wirtschaftsmacht der BRD, zugunsten einer gesamteuropäischen Währung aufgab, konnte Kohl den Westmächten die Angst vor einem übermächtigen vereinigten Deutschland nehmen.

Zu Streitigkeiten kam es außerdem wegen der Unverletzlichkeit der Grenzen.[159] Kohl weigerte sich die Oder-Neiße-Grenze anzuerkennen. Man einigte sich schließlich darauf, dass sich der Prozess der Wiedervereinigung der beiden deutschen Staaten friedlich und allmählich unter Wahrung der einschlägigen Abkommen sowie der Schlussakte von Helsinki vollziehen muss. Weiterhin muss die Einigung in den europäischen Integrationsprozess eingebettet sein.

Am 14. und 15. Dezember bekannten sich die Außen- und Verteidigungsminister der NATO in Brüssel ebenfalls zum Selbstbestimmungsrecht der Deutschen. Die Bedenken Frankreichs und Großbritanniens waren dennoch nicht vollständig ausgeräumt. Vor allem Margaret Thatcher stand Kohls „Zehn-Punkte-Plan" nach wie vor ablehnend gegenüber. Sie hatte Angst davor, dass ein wiedervereinigtes Deutschland das Gleichgewicht in Europa zu sehr stören würde. Kohl konnte den Westen in enger Zusammenarbeit mit den USA letztendlich zu einer nachträglichen Billigung seiner deutschlandpolitischen Initiative bewegen. Ein Hauptgrund für den Erfolg des Kanzlers hinsichtlich seines „Zehn-Punkte-Plans" lag wohl aber auch im Überraschungseffekt. Dadurch, dass Kohl die anderen Mächte nicht über seinen Plan informiert hatte, blieb den Gegner kaum Zeit, den Widerstand zu formieren. Durch die Unterstützung der USA konnten auch Frankreich und Großbritannien nur zustimmen, da sie sonst eine Krise im atlantischen Bündnis und der EG riskiert hätten.

Der sowjetische Außenminister Eduard Schewardnadse hielt am 19. Dezember 1989 eine Rede vor dem Politischen Ausschuss des Europäischen Parlaments.[160] Er betonte darin das Interesse der Sowjetunion am Fortbestand zweier deutscher Staaten und legte einen Katalog von sieben Fragen vor, die die außenpolitischen Aspekte einer hypothetischen deutschen Vereinigung darlegten. Ziel dieses Kataloges war es, die hohen Hindernisse für eine Wiedervereinigung der beiden deutschen Staaten aufzuzeigen und auf diese Weise den Prozess zu verlangsamen.

---

[159] Vgl. im Folgenden: Winkler 2000, S.525.
[160] Vgl. im Folgenden: Ritter 2007, S. 28.

Als einer der Schlüsselmomente auf dem Weg zur deutschen Einheit gilt der Dresdenbesuch Kohls am 19. und 20. Dezember 1989.[161] Der überwältigende Zuspruch der DDR-Bevölkerung weckte im Kanzler die Überzeugung, dass die Mehrheit der Menschen in der DDR die Wiedervereinigung der beiden deutschen Staaten wollte. Er musste ebenfalls erkennen, dass die längerfristig angelegte Vereinigungspolitik der Bundesregierung einer Überarbeitung bedarf und durch ein konkreteres Konzept mit einem kürzeren Zeitrahmen ersetzt werden musste. Die Erlebnisse in Dresden führten bei Kohl so zu einem Umdenkungsprozess, der weitaus zügigeres Handeln nach sich zog wie bis dahin. Neben einer Rede Kohls vor der Dresdner Frauenkirche fand auch ein Vier-Augen-Gespräch mit DDR-Ministerpräsident Hans Modrow statt. Dieser erklärte Kohl, dass die deutsche Wiedervereinigung seiner Auffassung nach nicht aktuell sei und er vom Fortbestand zweier deutscher Staaten ausgehe. Der Einigungsprozess dürfe auch nicht künstlich beschleunigt werden. Modrow war in der Darlegung seiner außenpolitischen Konzeption in diesem Gespräch weitaus konkreter als der Bundeskanzler.

Das Jahr 1990

Beruhigungsversuche in Frankreich: Kohl zu Besuch bei Mitterand

Als erster Staatschef der Westmächte stattete François Mitterand der DDR vom 20. bis 22. Dezember 1989 einen Staatsbesuch ab.[162] Er erklärte, dass freie demokratische Wahlen in der DDR notwendig seien und dass das Volk selbst entscheiden solle, ob es die Wiedervereinigung wolle. Frankreich wolle sich dem nicht widersetzen. Dennoch kam es durch die französische Regierung zu einigen Verzögerungen. Die Bundesregierung wollte den deutschen Einigungsprozess nicht gegen den Willen Frankreichs durchsetzen, um die deutsch-französische Freundschaft nicht zu gefährden. Kanzler Kohl war deswegen darum bemüht, die Ängste der französischen Regierung abzubauen. Am 4. Januar 1990 fand ein Treffen Kohls mit Frankreichs Präsidenten Mitterand in dessen Privathaus in Latché statt. Kohl schilderte die desolate Situation in der DDR. Immer noch verließen 2.000 Menschen pro Tag die DDR. Indem man der Bevölkerung das ge-

---

[161] Vgl. im Folgenden: Weidenfeld, Werner: Außenpolitik für die deutsche Einheit. Die Entscheidungsjahre 1989/90. (= Geschichte der deutschen Einheit, Bd. 4). Stuttgart 1998, S.202f.

[162] Vgl. im Folgenden: Steininger 2002, S.194f.

be, worauf sie schon lange hoffen, nämlich die Einheit, solle den Menschen wieder Vertrauen gegeben werden. Er betonte aber auch, dass sich die Einigung nicht von heute auf morgen realisieren lasse, sondern nur in einem jahrelangen Prozess vollzogen werden könne. Außerdem seien die weitere Verankerung Deutschlands in der Europäischen Gemeinschaft, die Lösung der Probleme in sicherheitspolitischer Hinsicht mit Moskau und die Unverletzbarkeit der Grenzen unbedingte Voraussetzungen für den Einigungsprozess. Mitterand befürwortete seinerseits die mit Modrow vereinbarte Herstellung einer „Vertragsgemeinschaft" zwischen beiden deutschen Staaten. Er fürchtete allerdings die Zugehörigkeit des vereinten Deutschlands zu verschiedenen Militärbündnissen und die daraus resultierende Neutralisierung des deutschen Staates. Dies sei auch aus der Sicht des Kanzlers die größte Gefahr. Mitterand stellte vier Bedingungen, nach denen sich der Einigungsprozess vollziehen soll. Die deutsche Einheit müsse sich innerhalb des europäischen Integrationsprozesses vollziehen. Die Grenzen müssen garantiert und die Sicherheitsinteressen der Sowjetunion berücksichtigt werden. Außerdem dürfe die „Lösung des deutschen Problems nicht ein neues russisches Drama hervorrufen." Der französische Regierungschef glaubte zu dieser Zeit noch, dass die Sowjetunion Deutschland die Ausübung des Selbstbestimmungsrechtes, verbunden mit freien Wahlen und dem Abzug der sowjetischen Truppen, nie zugestehen würde. Dies stellte sich später als eine Fehleinschätzung heraus, die auch Margaret Thatcher unterlaufen war. Dies führte dazu, dass sowohl Frankreich als auch Großbritannien keine gestaltende Rolle beim Wiedervereinigungsprozess einnehmen konnten.

Politische Kehrtwende in Moskau

Anfang Januar 1990 hatte sich die wirtschaftliche Situation der Sowjetunion drastisch verschlimmert. Das Land stand kurz vor dem Bankrott und Gorbatschow kam immer mehr in Bedrängnis. Die Moskauer Regierung war gezwungen, die BRD um sofortige Lebensmittelhilfe zu bitten.[163] Bundeskanzler Kohl sorgte daraufhin dafür, dass 120.000t Fleisch in die SU geschickt wurden und setzte sich bei der EU-Kommission für eine weitere Unterstützung ein. Nicht nur in Russland, sondern auch in der DDR wurde die Situation immer schwieriger. Der Strom an Ausreisenden brach nicht ab. Am 15. Januar 1990 konnte die Bevölkerung ungehindert die Zentrale der Stasi in Berlin stürmen.

---

[163] Vgl. im Folgenden: Steininger 2002, S.196f.

Kohl fürchtete, dass damit die staatlichen Organe in der DDR ihre Glaubwürdigkeit verloren hätten.

Nicht nur die wirtschaftlichen Schwierigkeiten, sondern auch andere Faktoren wie z.b. die Wirkung des „Zehn-Punkte-Plans" und der Zusammenbruch der Staatssicherheit nötigte die Sowjetunion dazu, endlich zu erkennen, dass die deutsche Einheit unvermeidlich bevorstand. Die sowjetische Regierung musste schnell handeln, denn im immer rascher fortschreitenden Einigungsprozess wurde es für die Sowjetunion immer schwieriger, eigene Interessen einzubringen. Außerdem war es möglich, dass die Moskauer Regierung mit ihrer ablehnenden Haltung bald allein auf weiter Flur stand: Die Unterstützung der Wiedervereinigung durch die USA würde auf lange Sicht auch die Zustimmung Frankreichs und Großbritanniens nach sich ziehen. Während eines Besuchs Modrows in Moskau am 30. Januar 1990 gab Gorbatschow schließlich seine Einwilligung dazu, dass „beide deutschen Staaten ihre Beziehungen zueinander zielstrebig ausbauen" sollten mit dem Ziel der Bildung einer Konföderation.

Am 1. Februar 1990 legte Modrow in Moskau einen Vier-Stufen-Plan zur Bildung eines einheitlichen deutschen Staates mit der Hauptstadt Berlin vor. Mit der Bildung eines einheitlichen Parlamentes als letzten Schritt des Plans ging Modrows Vorlage weiter als der „Zehn-Punkte-Plan" Kohls. Das Konzept stieß bei fast allen Politikern der Bundesregierung insbesondere bei Helmut Kohl auf Ablehnung, da der Plan auch die Herstellung der militärischen Neutralität von BRD und DDR vorsah. Eine Neutralisierung beider Staaten kam für die Bundesregierung nicht infrage. Darüber hinaus wurde die Regierung Modrow nicht mehr als Verhandlungspartner anerkannt. Aufgrund der Versuche Modrows, einen Kern der Stasi zu erhalten und angesichts der krisenhaften Entwicklung in der DDR sah der Bundeskanzler die Regierung Modrow zunehmend als Hindernis für die deutsche Einheit.[164]

Die Konföderation als Übergangsstadium stand für die Bundesregierung aufgrund der völlig desolaten wirtschaftlichen Lage der DDR und dem nicht abbrechenden Strom an Ausreisenden nicht mehr zur Debatte.[165] Die BRD sah eine Währungsunion und die Einführung der Marktwirtschaft in der DDR als einzige Möglichkeit, um den Flüchtlingsstrom einzudämmen. Am 3. Februar, während des World Economic Forums in Davos, wiederholte Modrow gegenüber Kohl

---

[164] Vgl. Ritter 2007, S.29.
[165] Vgl. Winkler 2000, S. 548.

seine Forderung nach finanzieller Unterstützung in Höhe von 15 Mrd. DM.[166] Die Bundesregierung lehnte dies aber wiederholt ab, da die Bedingung des radikalen Systemwandels in der DDR nicht erfüllt worden war. Bonn machte der DDR-Regierung schließlich das Angebot einer Wirtschafts- und Währungsunion. Bundeskanzler Kohl hoffte durch die Einführung der D-Mark, den Menschen in der DDR wieder eine neue Perspektive geben zu können. Vier Tage später erklärte die BRD offiziell ihre Bereitschaft, mit der DDR in Verhandlung über die Bildung einer Wirtschafts- und Währungsunion zu gehen. Außerdem wurde unter der Leitung Kohls ein Kabinettsausschuss „Deutsche Einheit" gebildet.

Während eines Besuchs des amerikanischen Außenministers James Baker vom 7.–9. Februar in Moskau machten die USA deutlich, dass die sowjetische Forderung nach einer Entmilitarisierung und Neutralisierung des vereinten Deutschlands unannehmbar seien. Baker forderte die Mitgliedschaft Deutschlands in der NATO und eine Verankerung der deutschen Militärmacht in westlichen Strukturen. Gorbatschow erwies sich in diesem Gespräch als sehr flexibel: Er befürwortete prinzipiell eine Einbindung Deutschlands in europäische Institutionen, lehnte aber eine Ausdehnung der NATO-Zuständigkeiten strikt ab. Baker warb außerdem für die Führung der weiteren Verhandlungen im Rahmen des „Zwei-plus-Vier"- Mechanismus.[167] Auch hier lenkte Gorbatschow schnell ein und gab seine Zustimmung.

Am 10. Februar konnte in Moskau ein Treffen zwischen Helmut Kohl und der Sowjetführung stattfinden. Gorbatschow hielt sich diesmal mit Kritik am Kanzler und dessen Politik zurück.[168] Kohl räumte während des Gespräches ein, dass die deutsche Einigung zwar elementare Interessen der SU berühre, die Wiedervereinigung aber unabwendbar bevor stand. Er versicherte, dass die Grenzen nicht in Frage gestellt werden würden. Eine Neutralisierung des vereinten Deutschlands könne die Bundesregierung allerdings nicht akzeptieren. Kohl garantierte aber, dass die NATO nicht ohne Weiteres ihr Gebiet auf die DDR ausweiten könne. Gorbatschow betonte seinerseits das Recht der Deutschen auf Selbstbestimmung und verlangte keine Neutralisierung oder Entmilitarisierung

---

[166] Vgl. im Folgenden: Steininger 2002, 197ff.
[167] Vgl. Weidenfeld 1998, S. 923.
[168] Vgl. Steininger 2002, S. 200 f.

Deutschlands.[169] Er teilte die Überzeugung, dass weder die Regierung Modrow noch die DDR als Staat eine politische Zukunft besäßen. Die Verhandlungen mit Gorbatschow werden als wichtiger Durchbruch auf dem Weg zur Deutschen Einheit angesehen.[170] Grund für die Veränderung des politischen Denkens Gorbatschows war wohl vor allem das Gespräch mit dem amerikanischen Außenminister James Baker.

Grundlegende Probleme auf dem Weg zur deutschen Einigung

Diskussion über den künftigen militärischen Status Gesamtdeutschlands

Ein Hauptstreitpunkt zwischen den Mächten war der künftige militärische Status des vereinten Deutschlands. Die Sowjetunion forderte einen Beitritt Deutschlands zu beiden Militärbündnissen, was letztendlich zu einer Neutralisierung geführt hätte. Für die USA hingegen stand die weitere Mitgliedschaft Gesamtdeutschlands in der NATO nicht zur Debatte. Die amerikanische Regierung wollte sich ihren Status als europäische Macht auch über das Ende des Kalten Krieges hinaus erhalten. Dies war aber nur über das nordatlantische Bündnis möglich, das wiederum auf Deutschland als Mitglied angewiesen war. Um ihre Stellung zu sichern, war die weitere Stationierung amerikanische Truppen in Deutschland verbunden mit dem Abzug der sowjetischen Truppen notwendig. Kohl verbürgte sich gegenüber den USA immer wieder für die weitere Mitgliedschaft Deutschlands in der NATO.

Um den Konflikt zu entschärfen schlug Außenminister Genscher vor, dass Deutschland auch nach der Vereinigung der NATO angehöre, das Territorium der DDR aber nicht in die militärischen Strukturen des nordatlantischen Bündnisses einbezogen werden solle.[171] Die amerikanische Regierung stimmte diesem Kompromiss zunächst zu. Allerdings würde die Nichteinbeziehung des ehemaligen DDR-Territoriums in die Strukturen der NATO einer Neutralisierung und Entmilitarisierung dieses Gebietes gleichkommen. Dies würde letztendlich die Schutzgarantie der NATO für Gesamtdeutschland gefährden. Ost-

---

[169] Nach Alexander von Plato hat Gorbatschow das Thema der Neutralisierung durchaus angesprochen. Gorbatschow ist der Auffassung, dass Deutschland aufgrund seines für die Verteidigung ausreichenden nationalen Militärpotentials auf militärische Strukturen nicht angewiesen sei (vgl. Plato, S. 270f.).

[170] Vgl. Plato 2002, S.274f.

[171] Vgl. Winkler 2000, S. 548ff.

deutschland könne demnach nur ein besonderer militärischer Status zugestanden werden. Um seine Koalition nicht zu gefährden, stellte sich Kohl zunächst auf die Seite seines Außenministers. Bei einem Treffen mit Bush am 24. bzw. 25. Februar 1990 stimmte er jedoch der amerikanischen Position zu. Präsident Bush erklärte bei diesem Gespräch, dass ein geeintes Deutschland ein Vollmitglied der NATO werden müsse. Dementsprechend müssen auch die amerikanischen Streitkräfte in Deutschland und anderen Teilen Europas verbleiben, um die Stabilität in Europa zu gewährleisten. Der Kanzler warf während seines Besuchs die Frage auf, ob Deutschland nicht ähnlich wie Frankreich ein Mitglied der NATO sein könne, ohne ihrer Militärorganisation anzugehören. Auf der nachfolgenden Pressekonferenz kündigten beide einen militärischen Sonderstatus für Ostdeutschland an.

Konflikt um die Anerkennung der deutsch-polnischen Grenze

Schon im November 1989 war nach Erscheinen des „Zehn-Punkte-Plans" Helmut Kohls starke Kritik aufgekommen, da eine Aussage zur Unverletzlichkeit der deutsch-polnischen Grenze fehlte.[172] Die allgemeine Debatte entwickelte sich mit der Zeit zu einer konkreten Auseinandersetzung um die Frage, wie das Grenzproblem im Rahmen der Vereinigungspolitik geklärt werden sollte. Dies führte nicht nur zu Konflikten zwischen der Bundesregierung und Polen, sondern auch innerhalb der Regierungskoalition zu Uneinigkeiten. Polen hatte das Recht der Deutschen auf Selbstbestimmung schon im Herbst 1989 grundsätzlich anerkannt. Die polnische Regierung verlangte allerdings in der Grenzfrage eine zusätzlich Garantie und einen Vertrag, der noch vor der Vereinigung die Grenzfrage verbindlich für beide deutsche Teilstaaten festlegte. Der Bundeskanzler betonte angesichts dieser Forderungen immer wieder, dass er nur für die Bundesrepublik sprechen und die endgültige Festlegung in der Grenzfrage erst von einem gesamtdeutschen Souverän getroffen werden könne. Eine Infragestellung der deutsch-polnischen Grenze schloss er aber grundsätzlich aus. Die FDP betonte in dieser Frage vor allem die entspannungspolitische Dimension. Diese gegensätzlichen Positionen führten die Koalition nahe an den Rand einer Krise, in der sich CDU/CSU auf der einen, SPD, FDP und die Grünen auf der anderen Seite gegenüberstanden. Helmut Kohl zeigte ein erstes Entgegenkommen erst am 17. Januar 1990 während einer Rede in Paris. Er erklärte darin, dass Deutschland die dauerhafte Aussöhnung mit Polen wolle und dass das polnische

---

[172] Vgl. im Folgenden: Weidenfeld 1998, S. 479ff.

Volk die Gewissheit haben soll, in sicheren Grenzen zu leben. Diese Aussagen wurden von der polnischen Regierung positiv, quasi als eine Ergänzung zu Kohls „Zehn-Punkte-Plan" aufgenommen.

Nach der Einigung auf die „Zwei-plus-Vier"-Gespräche in Ottawa Anfang Februar verhärteten sich die Positionen allerdings erneut. Polen forderte eine Beteiligung an den Verhandlungen der sechs Mächte, was sowohl bei der Bundesregierung als auch bei den Amerikanern auf Ablehnung stieß. Bezüglich der Grenzfrage musste Kohl am 15. Februar Kritik vom französischen Staatspräsidenten Mitterand einstecken. Während die USA allmählich einlenkten bestand Kohl weiterhin darauf, die Grenzfrage erst nach der Vereinigung endgültig festzulegen. Dies verschärfte den Streit innerhalb der Koalition und auch aus den eigenen Reihen musste der Kanzler zunehmend Kritik hinnehmen. Sein Vorschlag, die Lösung der Grenzfrage mit einem polnischen Reparationsverzicht zu verbinden, wurde von SPD, FDP und den Grünen vehement abgelehnt. Am 6. März 1990 konnte sich die Koalition schließlich darauf einigen, nach den Wahlen in der DDR gleichlautende Erklärungen von beiden deutschen Parlamenten für die Anerkennung der Grenzen abzugeben. Dieser Kompromiss wurde als Sieg für Außenminister Genscher gewertet. Um die Probleme mit der polnischen Regierung zu klären, wurden ab Mai 1990 trilaterale Verhandlungen zwischen BRD, DDR und Polen durchgeführt. In den Gesprächen konnte allerdings keine Übereinkunft erlangt werden. Der Vorschlag der DDR-Regierung, die abschließende Regelung in einen Grenzvertrag und einen Grundlagenvertrag aufzusplitten, wurde von der Bundesregierung abgelehnt. Erst auf der dritten „Zwei-plus-Vier"- Außenministerkonferenz in Paris konnte eine Einigung erzielt werden. Der polnische Außenminister Krzysztof Skubiszewski erklärte sich damit einverstanden, dass der Grenzvertrag schnellstmöglich nach der deutschen Einigung unterzeichnet wird.

Streit um den Vereinigungsweg – Artikel 23 oder 146?

Über die Art und Weise, wie sich die Wiedervereinigung vollziehen solle, kam es im Frühjahr 1990 zu heftigen Streitigkeiten.[173] In seiner Regierungserklärung vom 8. März 1990 erklärte Helmut Kohl den Beitritt der DDR zur BRD nach Artikel 23 des Grundgesetzes als besten Weg zur deutschen Einheit. Damit würde das Grundgesetz auch im anderen Teil Deutschlands in Kraft gesetzt werden. Eine andere Möglichkeit wäre die Wiedervereinigung nach Artikel 146, nach

---

[173] Vgl. im Folgenden Winkler 2000, S. 553ff.

dem eine neue gesamtdeutsche Verfassung erarbeitet werden sollte. Eine Wiedervereinigung gemäß Artikel 146 würde den Prozess stark verlangsamen. Für eine Einigung nach Artikel 23 sprach, dass sich die Verfassung, die eigentlich nur als Übergangsverfassung gedacht war, über einen langen Zeitraum bewährt hatte. Außerdem verschlechterte sich die Lage in der DDR immer drastischer. Neben hohen Übersiedlerzahlen wurde auch zunehmend die Bereitschaft zu gewaltsamen Protesten festgestellt. Letztendlich wäre die Stabilität Europas durch den Fortbestand der Teilung gefährdet gewesen, da sich die DDR allmählich zu einem Unruheherd entwickelte. Die Mehrheit der Ostdeutschen hatte sich deutlich für einen raschen Wiedervereinigungsprozess ausgesprochen. Der Beitritt der DDR zu BRD wäre eine logische Konsequenz von Währungs- und Wirtschaftsunion, da die Einführung der Marktwirtschaft in der DDR auch eine Vereinheitlichung des Rechtswesens verlangte. Zudem war unklar, wie lange Gorbatschow und Schewardnadse sich noch an der Spitze der sowjetischen Regierung halten konnten. Während beide noch durchaus zu Kompromissen bereit waren, würde die Nachfolgeregierung der deutschen Wiedervereinigung mitunter mehr Steine in den Weg legen. Das würde auch dazu führen, dass andere Länder wie Großbritannien oder Frankreich ebenfalls gegen die Einigung protestieren würden.

Die Sozialdemokraten befürworteten, trotz der vielen Pro-Argumente, statt des Beitritts nach Artikel 23, die Ausarbeitung einer neuen Verfassung nach Artikel 146. Politiker wie Willy Brandt hofften, das die gemeinsame Arbeit an einer gesamtdeutschen Verfassung eine positive Wirkung auf das Zusammenwachsen zwischen Ost- und Westdeutschen hätte. Oskar Lafontaine erwies sich wiederum als schärfster Kritiker. Er drohte im Falle eines Beitritts der DDR zur BRD und der Beibehaltung der Verfassung nach Artikel 23 des Grundgesetzes, seine Kanzlerkandidatur zurückzuziehen. Diese Lösung stieß auch bei den Mitgliedern des „Runden Tisches" auf Ablehnung. Die Ost-CDU unter Lothar de Maizière war wiederum für die rasche Vereinigung nach Artikel 23.[174]

Am 24. April 1990 vereinbarte Bundeskanzler Kohl mit der neugewählten DDR-Regierung unter Lothar de Maizière Verhandlungen über eine Wirtschafts-, Währungs- und Sozialunion.[175] Problematisch erwies sich dabei die Finanzierung der Einheit. Nach Meinung der Bundesregierung sollte die Wiederverei-

---

[174] Vgl. Weidenfeld 1998, S. 315.
[175] Vgl. im Folgenden: Winkler 2000, S. 568ff.

gung nicht durch Steuererhöhungen, sondern durch Wirtschaftswachstum finanziert werden. Angesichts der wirtschaftlichen Lage der DDR erschien dieses Vorhaben vielen als geradezu tollkühn. Als Ausweg blieb nur eine weitere Verschuldung der Bundesrepublik. Unter der Regierung Kohl lässt sich so eine Neuverschuldung der BRD in Höhe von 350 Mrd. D-Mark verzeichnen. Die BRD lebte nicht nur deutlich über ihre Verhältnisse, sondern sie übernahm nun zusätzlich die Kosten der jahrzehntelangen Misswirtschaft der DDR. Durch die Bildung eines Sonderfonds „Deutsche Einheit" wurde das tatsächliche Ausmaß der Verschuldung verschleiert. Im August 1990 übernahm die BRD zudem die Gesamtverschuldung des DDR-Haushaltes inklusive der Auslandsverschuldung.

Die „Zwei-plus-Vier"-Gespräche

Die Frage, in welchem Rahmen die Verhandlungen über die Bedingungen des deutschen Einigungsprozesses abgehalten werden sollten, hatte lange Diskussionen zwischen den Mächten hervorgerufen. Grund dafür waren die besonderen Rechte und Verantwortlichkeiten der vier Mächte in Bezug auf Berlin und Deutschland als Ganzes.[176] Auf der am 11. Dezember 1989 stattgefundenen Versammlung des Alliierten Kontrollrates demonstrierten die Mächte diesen Anspruch öffentlich. Gorbatschow schlug vor, die Verhandlungen über die deutsche Einheit unter Ausschluss der beiden deutschen Staaten im Rahmen einer Vier-Mächte-Konferenz abzuhalten. Die Bundesregierung protestierte bei den Westmächten offen gegen dieses Vorgehen. Schon am 9. November war im Bundeskabinett der Entschluss gefasst worden, Beratungen über die Köpfe der Deutschen hinweg eindeutig abzulehnen. Außenminister Hans-Dietrich Genscher drohte am 13. Dezember in Brüssel, dass, falls die Westmächte dem Vier-Mächte-Vorschlag Gorbatschows zustimmen sollten, sie sich entscheiden müssten zwischen der Zusammenarbeit mit Deutschland in NATO und EG oder mit der Sowjetunion im Kontrollrat.[177] Dies war auch eine erste Bewährungsprobe für die deutsch-amerikanische Zusammenarbeit.[178] Die USA machten Gorbatschow aber deutlich, dass es Verhandlungen nur unter der Einbeziehung Bonns geben würde.

---

[176] Vgl. Weidenfeld, Werner: Handwörterbuch zur deutschen Einheit. Frankfurt 1992, S.192.
[177] Vgl. Weidenfeld 1998, S. 179.
[178] Vgl. Steininger 2002, S. 185.

Seit Anfang Januar 1990 wollten die Bundesrepublik und die USA angesichts der schwierigen Lage in DDR und Sowjetunion den Weg zur deutschen Einheit nicht mehr über die Vertragsgemeinschaft und die Konföderation gehen.[179] Der Vorschlag zu den „Zwei-plus-Vier-Gesprächen" kam von Bakers Berater Dennis Ross. Die Amerikaner garantierten der Bundesregierung, dass man es nicht zulassen werde, dass die Sowjetunion den Mechanismus ausnutze, um die deutsche Einigung hinaus zu zögern oder ein Deutschland nach sowjetischen Vorstellungen zu schaffen. Nach der Zustimmung Gorbatschows war die Trennung des Einigungsprozesses in eine innenpolitische und eine außenpolitische Entwicklung beschlossene Sache. Am 13. Februar 1990 während der Abrüstungskonferenz von NATO und Warschauer Pakt in Ottawa einigte man sich schließlich offiziell auf den „Zwei-plus-Vier"-Rahmen.

Im März 1990 verhärtete sich die sowjetische Position noch einmal.[180] Während eines Besuchs Modrows am 5. und 6. März 1990 in Moskau erklärte Schewardnadse, dass eine deutsche Wiedervereinigung nach Artikel 23 illegitim wäre. Gorbatschow erklärte weiterhin, dass eine Mitgliedschaft des vereinten Deutschlands in der NATO inakzeptabel sei. Ein weiteres Problem stellte immer noch die Grenzfrage dar. Mitterand unterstützte den Warschauer Standpunkt, dass ein Vertrag zwischen Bundesrepublik und Polen bezüglich der Unverletzlichkeit der Oder-Neiße-Grenze bereits vor und nicht erst nach der Wiedervereinigung geschlossen werden müsse. Soweit es um die Grenzfrage ginge, müsse Polen außerdem an den „Zwei-plus-Vier"-Verhandlungen beteiligt werden. Diesem Vorgehen stimmte auch die Bundesregierung zu. Zum Auftakt der „Zwei-plus-Vier"-Gespräche fand am 14. März ein erstes Zusammentreffen der sechs Länder statt. Die Sowjetunion forderte gegen den Widerstand Frankreichs, der USA und der BRD die Ausarbeitung eines neuen Friedensvertrages.[181] Die BRD widersetzte sich vor allem aus dem Grund, da bei Verhandlungen über einen Friedensvertrag auch Reparationsansprüche aus dem Zweiten Weltkrieg wieder auf die Tagesordnung kommen könnten. Nur Großbritannien als das Land, das die größte Angst vor einem sogenannten „Vierten Reich" hatte, unterstützte die Abfassung eines solchen Vertrages. Die britische Premierministerin Margaret Thatcher hatte sich lange um eine französisch-britisch Zusammenarbeit bemüht, um

---

[179] Vgl. im Folgenden: Steininger 2002, S.260f.
[180] Vgl. im Folgenden: Winkler 2000, S. 575ff.
[181] Vgl. im Folgenden: Weidenfeld 1998, S. 924.

die Wiedervereinigung zu verhindern. Seit Ende März 1990 ließ der britische Widerstand allmählich nach.

Am 5. Mai fand die erste „Zwei-plus-Vier"-Außenministerkonferenz in Bonn statt. Nur die Sowjetunion ging auf Konfrontationskurs und wollte die NATO-Mitgliedschaft eines vereinten Deutschlands auf gar keinen Fall akzeptieren. Schewardnadse unterbreitete den Anwesenden den Vorschlag, zunächst Deutschland zu einem Staat zusammenzuschließen und die Bündnisfrage erst danach zu klären.[182] Er wollte die innere Einigung von der Festlegung der äußeren Aspekte abkoppeln, um so weiterhin Einfluss auf die Entwicklung Deutschlands nehmen zu können. Die besonderen Rechte und Verantwortlichkeiten der vier Mächte bezüglich Berlin und Deutschland als Ganzes hätten damit auch nach der Wiedervereinigung ihre Gültigkeit behalten und das vereinigte Deutschland hätte nicht seine volle Souveränität erhalten. Kohl und Genscher betonten dagegen die unbedingte Gleichzeitigkeit von innerem und äußerem Einigungsprozess. Ende Mai konnte die sowjetische Regierung von ihrer starren Haltung abgebracht werden. Nicht nur in Litauen hatte sich die Lage verschärft, sondern auch die SU stand kurz vor der Zahlungsunfähigkeit und war auf finanzielle Unterstützung aus dem Westen angewiesen. Man bot der Sowjetunion an, die deutsche Wiedervereinigung und die NATO-Mitgliedschaft an Kredite und einen Vertrag zur Zusammenarbeit mit Moskau zu binden. Die Bundesregierung übernahm am 22. Mai eine Bürgschaft in Höhe von 5 Mrd. D-Mark für die SU und forderte diese dazu auf, als Gegenleistung den Einigungsprozess nicht mehr zu blockieren. Die BRD erklärte sich außerdem bereit, die Lieferverpflichtungen für die DDR zu übernehmen. Zum endgültigen Wendepunkt im politischen Denken der sowjetischen Regierung kam es aber erst nach dem sowjetisch-amerikanischen Gipfel vom 30. Mai bis 3. Juni in Washington. Gorbatschow wollte weiterhin auf eine Doppelmitgliedschaft des vereinten Deutschland in NATO und Warschauer Pakt bestehen. Bush verwies aber auf das in der KSZE-Schlussakte enthaltene Recht aller Staaten, ihre Bündniszugehörigkeit selbst wählen zu können. Dementsprechend könne auch Deutschland selbst entscheiden, welchem Bündnis es angehören möchte. Gorbatschow konnte diesem Argument nichts entgegensetzen und leistete keinen Widerstand mehr.

---

[182] Vgl. im Folgenden: Winkler 2000, S.579f.

Kurz vor Schluss: Kohl in Washington und Moskau

Im Mai und Juni 1990 verstärkte sich der Kontakt zwischen Bundeskanzler Kohl und den USA noch einmal.[183] Es war deutlich, dass die Bundesregierung für die Klärung der außenpolitischen Fragen auf die Unterstützung der USA als einzigen Gegenpol zur Großmacht Sowjetunion angewiesen war. Deswegen reiste Kohl am 16. und 17. Mai sowie am 8. Juni 1990 für Verhandlungen in die USA.[184] Die beiden Staaten wollten in der entscheidenden Phase der Vereinigungsbemühungen so eng wie möglich zusammenarbeiten. In fast allen behandelten Punkten konnte vollständige Übereinstimmung erzielt werden. Man beriet unter anderem über die zukünftige Stärke der deutschen Bundeswehr. Kohl war der Auffassung, dass man nicht einfach Bundeswehr und Nationale Volksarmee addieren könne, zumal die Sowjetunion eine Gesamtobergrenze von 200.000 bis 250.000 Soldaten setzen wollte. In dieser Frage kam es später zu Differenzen zwischen dem Kanzler und Außenminister Hans-Dietrich Genscher.

Im Mai 1990 wurden ebenfalls die Kontakte zwischen dem sowjetischen Außenminister Schewardnadse und Hans-Dietrich Genscher intensiviert.[185] Bei der Diskussion über die künftige Bündniszugehörigkeit des vereinten Deutschlands, erklärte Schewardnadse, dass eine gesamtdeutsche NATO-Mitgliedschaft für die SU psychologisch und politisch nicht tragbar sei. Im Gespräch wurde aber deutlich, dass sich die sowjetische Position in dieser Frage allmählich öffnete. Zentrales Ergebnis der Verhandlungen war, dass beide Politiker zunehmend eine persönliche Vertrauensbasis aufbauen konnten. In nachfolgenden Treffen erläuterte der sowjetische Außenminister, dass die Bündniszugehörigkeit zunehmend davon abhinge, wie sich die NATO entwickle. Auf der zweiten Außenministerkonferenz im Rahmen der „Zwei-plus-Vier"- Gespräche am 22. Juni 1990 legte die sowjetische Delegation einen Gesamtentwurf für einen Friedensvertrag vor. Das Papier sah unter anderem vor, dass die Vier-Mächte-Verantwortlichkeiten und -rechte erst nach einer Übergangsperiode von fünf Jahren aufgehoben werden sollten. Erst nach Beendigung dieser Phase könne über die Bündniszugehörigkeit entschieden werden. Diese Festlegungen waren für die Bundesregierung und ihre westlichen Partner inakzeptabel. In den weiteren Ausführungen Schewardnadses wurde aber deutlich, dass die sowjetische Regierung ihre Position vor dem 28. Parteitag der KPdSU nicht ändern wollte, um nicht unnötig Kritik

---

[183] Vgl. Weidenfeld 1998, S. 451f.
[184] Vgl. Steiniger 2002, S. 269f.
[185] Vgl. im Folgenden: Weidenfeld 1998, S. 459ff.

aufkommen zu lassen. Dies beruhigte die anderen Partner wieder. Der erhoffte Durchbruch konnte in diesen Gesprächen dennoch nicht erzielt werden. Vom 14.–15. Juli 1990 fand ein Treffen zwischen Kohl, Genscher, Gorbatschow und Schewardnadse zunächst in Moskau, später im Kaukasus statt. Verhandelt wurden Themen wie die volle Souveränität Deutschlands, seine Zugehörigkeit zur NATO, eine Absichtserklärung über die Stärke der deutschen Streitkräfte, ein umfassender Vertrag zwischen SU und Deutschland sowie der Abzug der sowjetischen Truppen. Das Gespräch verlief sehr zufriedenstellend. Gorbatschow erklärte sich bereit, die Vier-Mächte-Rechte unmittelbar nach Abschluss des „Zwei-plus-Vier"-Vertrages aufzuheben. Darüber hinaus wurde ein separates Abkommen über den Aufenthalt sowjetischer Truppen in Deutschland für weitere vier Jahre geschlossen.

Der „Vertrag über die abschließende Regelung in Bezug auf Deutschland" wurde am 12. September 1990 unterzeichnet.[186] Die Vier Mächte verzichteten auf ihre Sonderrechte bezüglich Berlins und Deutschland als Ganzes und die volle Souveränität des deutschen Staates wurde wieder hergestellt. Ein letzter Stolperstein auf dem Weg zur Einigung wurde noch von britischer Seite aufgeworfen: Man forderte für die Westalliierten das Recht, nach Abzug der sowjetischen Truppen auf dem ehemaligen DDR-Gebiet Manöver abhalten zu dürfen. Einige Tage vor der Unterzeichnung forderten die Sowjets noch Geld für die Rückführung der sowjetischen Soldaten in Höhe von 18,5 Mrd. D-Mark. Kohl bot zunächst 8 Mrd., dies wurde von Gorbatschow abgelehnt. Nach einigen Verhandlungen einigte man sich schließlich auf 12 Mrd. plus einen zinslosen Kredit in Höhe von 3 Mrd. D-Mark.

Schlusswort

Abschließend lässt sich feststellen, dass Helmut Kohl mit seinem „Zehn-Punkte-Plan" zwar zunächst die deutschlandpolitische Initiative ergriffen hat, in der Folgezeit aber zunehmend auf die Unterstützung der Siegermächte, speziell der USA, angewiesen war. Nur mithilfe der amerikanischen Regierung konnte die nachträgliche Zustimmung der Westmächte zum „Zehn-Punkte-Plan" gewonnen werden. Auch den Moskauer Widerstand in der Bündnisfrage haben letztendlich die USA gebrochen. Aus eigener Kraft hätte Deutschland die Wiedervereini-

---

[186] Vgl. im Folgenden: Steininger 2002, S. 273ff.

gung wohl nicht geschafft.[187] Die Wiedervereinigung musste hart erarbeitet werden und die anderen Mächte haben nichts umsonst getan. Frankreich hat die Bundesregierung eine vertiefte europäische Integration und ein Vorantreiben der europäischen Wirtschafts- und Währungsunion versprochen. Den USA musste die Bundesrepublik die volle NATO-Mitgliedschaft Gesamtdeutschlands garantieren. Der Sowjetunion leistete die BRD umfassende wirtschaftliche Hilfeleistungen, gewährte Kredite und bot einen umfassenden Kooperationsvertrag zwischen Deutschland und Russland an. Dies hat immer wieder die Frage aufgeworfen, ob die Bundesrepublik die Einheit nicht zu teuer bezahlt hat.

---

[187] Vgl. Kielmannsegg 2000, S. 668.

Literaturverzeichnis

Görtemaker, Manfred: Der Weg zur Einheit. (= Informationen zur politischen Bildung, 250). Bonn 2005.

Hertle, Hans-Hermann: Chronik des Mauerfalls. Die dramatischen Ereignisse um den 9. November 1989. Berlin ^{10}2006.

Kielmansegg, Peter Graf: Das geteilte Land. Deutschland 1945-1990. (= Siedler Deutsche Geschichte, Bd. 4). München 2000.

Plato, Alexander von: Die Vereinigung Deutschlands – ein weltpolitisches Machtspiel. Berlin 2002.

Ritter, Gerhard: Der Preis der deutschen Einheit. Die Wiedervereinigung und die Krise des Sozialstaates. München ^{2}2007.

Schabert, Tilo: Wie Weltgeschichte gemacht wird. Frankreich und die deutsche Einheit. Stuttgart 2002.

Steininger, Rolf: 1974 bis zur Gegenwart. (= Deutsche Geschichte. Darstellung und Dokumente in vier Bänden, Bd. 4). Frankfurt a.M. 2002.

Weidenfeld, Werner: Außenpolitik für die deutsche Einheit. Die Entscheidungsjahre 1989/90 (= Geschichte der deutschen Einheit, Bd. 4). Stuttgart 1998.

Weidenfeld, Werner: Handwörterbuch zur deutschen Einheit. Frankfurt am Main. 1992.

Winkler, Heinrich-August: Deutsche Geschichte vom „Dritten Reich" bis zu Wiedervereinigung. (= Der lange Weg nach Westen, Bd. 2). München 2000.

Die friedliche Revolution von 1989/90. Deutschlands überstürzte Vereinigung?
Von der Diskrepanz staatlicher und innerer Einheit
von Alexis Demos (2008)

Einleitung

Das Jahr 1989 gilt gemeinhin als der Endpunkt der sozialistischen Selbstzerstörung und als Deutschlands zweite Chance im Zuge der Selbstbefreiung durch die Bevölkerung der Deutschen Demokratischen Republik (DDR). Die Berliner Mauer als „antifaschistischer Schutzwall" verlor mit den Ereignissen vom 9. November 1989 endgültig an Bedeutung und stellte daraufhin ein Monumentum des Versagens des Kommunismus dar (*Vgl. Schroeder 2006: 131*). Es ist eine List des Schicksals, dass dieses aus deutscher Perspektive geschichtsträchtige und bedeutungsschwere Datum des 9. Novembers einen weiteren Wendepunkt deutscher respektive europäischer Geschichte markiert. Nach Fritz Stern stellt dieser Tag den strahlendsten Moment in Europas dunkelstem Jahrhundert dar, das 1914 mit einer beispiellosen Ära der Gewalt begonnen hatte (*Vgl. Stern 2007: 582*). So schicksalhaft das Datum auch erscheint, es muss jedoch gesagt werden, dass dieses Ereignis aus einem sozialen Prozess individuell handelnder Akteure resultiert, deren Handeln sowohl von exogenen als auch von endogenen Faktoren begünstigt worden ist.

Der DDR als Produkt des Kalten Krieges und eo ipso als künstlich geschaffener Staat, fehlte sowohl national als auch politisch jegliche indigene Legitimität (*Vgl. Fulbrook 1995: 3f.*). Im Rahmen dieser von der Sowjetunion unterstützen Staatlichkeit der DDR nimmt es nicht wunder, dass von einer unabhängigen Deutschland- und Außenpolitik in der 40-jährigen Geschichte der DDR kaum die Rede sein kann. Erst mit der Wahl des reformorientierten Michail Sergejewitsch Gorbatschows zum Generalsekretär der Kommunistischen Partei der Sowjetunion (KPdSU) im März 1985 lässt sich eine Reduzierung des vorauseilenden Gehorsams nach Osten feststellen. Der sich daraus entwickelnde „Sozialismus in den Farben der DDR" sollte sich jedoch aufgrund eines systemimmanenten, strukturellen Defizits als Irrgang erweisen. Die im Rahmen der sozialistischen Planwirtschaft von Erich Honecker auf dem VIII. Parteitag der Sozialistischen Einheitspartei Deutschlands (SED) 1971 propagierte Einheit von Wirtschafts- und Sozialpolitik sollte der Partei die Loyalität der Massen sichern. Dieser Wohlfahrtssozialismus sah die Senkung der Mieten, die Verkürzung der Arbeitszeiten, den Ausbau der Krankenfürsorge und der Kinderbetreuung sowie die Verdopplung des Wachstums und der Arbeitsproduktivität vor (*Vgl. Müller 2006: 60*). In der Tat bildete dieses Programm die Grundlage für eine sozialistische Wohlstandsgesellschaft, allerdings auf Kosten der kommunistischen Utopie (*Vgl. Wolle 1999: 41*). De facto scheiterte diese kostenintensive und defizitäre

Modernisierungsstrategie daran, dass diese einerseits keine impliziten Anreize bot und andererseits keine an Leistungen gebundene und autonom steigende soziale Sicherheit vorsah (*Vgl. Kusch et al. 1991: 18*). Unter Berücksichtigung der finanziellen Engpässe des SED-Regimes und des Revitalisierungsversuchs der kommunistischen Herrschaft durch Gorbatschow, die neben der Aufgabe der Breschnew-Doktrin auch innenpolitische Liberalisierungs- und Demokratisierungstendenzen vorsah, müssen dann auch die inneren Entwicklungen der DDR im Jahre 1989 analysiert werden. Die Öffnung der Mauer als Apokalypse des kommunistischen Systems ist somit auch ein Ergebnis der von der Sowjetunion nicht nur stillschweigend geduldeten Reformen in Osteuropa respektive Polen, Ungarn und der Tschechoslowakei, die sich im Rahmen der katalytischen Ausreisewelle der Bevölkerung der DDR nachhaltig auf die Systemstabilität und -legitimität der DDR auswirken sollte (*Vgl. Oldenburg; Helwig 1995: 170*). Es bleibt einerseits zu klären, ob diese Instabilität für eine rasche Implementierung der Vereinigung Deutschlands sprechen könnte und andererseits, ob sich durch die rasche Implementierung der Vereinigung Deutschlands die Diskrepanz der staatlichen und inneren Einheit erklären lässt.

Ostdeutschland, quo vadis? Ausgehend von der Fragestellung, wonach im Zuge der unverhofften friedlichen Revolution von 1989/90 die Vereinigung Deutschlands überstürzt implementiert und der Desintegration der Ostdeutschen somit Vorschub geleistet wurde, hat sich ein breiter Fundus an Literatur herausgebildet. Der Forschungsstand ist jedoch mitnichten so einmütig, wie es scheint. Es herrschen in der Literatur zwar durchaus Konvergenzen bezüglich der Wechselwirkung exogener und endogener Faktoren mit Hinblick auf den Untergang der DDR; die Meinungen über den Einigungsprozess und die Bilanz nach fast 20-jähriger Einheit könnten jedoch unterschiedlicher nicht ausfallen. Stellvertretend für die jeweiligen Autoren, die im weiteren Verlauf dieser Arbeit noch zu Wort kommen werden, lassen sich grob drei Denkrichtungen mit unterschiedlichen Ansätzen ausdifferenzieren.

Der Postmarxismus Stefan Bollingers ist nicht zu überhören, wenn er hinsichtlich der Öffnung der Mauer prinzipiell von einer abgebrochenen Revolution spricht. Indem er behauptet, dass das materialistisch denkende Volk nach dem 9. November 1989 nicht mehr bereit war, den aufmüpfig gewordenen Intellektuellen der DDR in den demokratischen Sozialismus zu folgen, lässt er durchblicken, dass der „dritte Weg" durchaus eine Alternative geboten hätte, wenn die politische und soziale Frage nicht in diesem Umfang von der nationalen Frage überlagert worden wären (*Vgl. Bollinger 1998: 181*).

Demgegenüber geht Rolf Reißig mit dem vollzogenen Einigungsprozess mangels Alternativen zwar konform, er stellt jedoch dessen Improvisationscharakter heraus. Seiner Meinung nach lässt sich die gespaltene Vereinigungsgesellschaft darauf zurückführen, dass die vollzogene institutionelle Einheit im Zuge der überstürzten Systemtransformation nicht als Katalysator der wirtschaftlichen, sozialen und kulturellen Einheit fungieren konnte und sich die Probleme des Westens im Osten potenzierten (*Vgl. Reißig; Bahrmann und Links 2005: 309f.*).

Einen anderen Zugang zu der Problematik des Einigungsprozesses wählt Klaus Schroeder, der die rasche Implementierung der Vereinigung Deutschlands auch in der stark ausgeprägten Ungeduld der Bevölkerung der DDR sieht, die Helmut Kohl zum Wegweiser in das Wirtschaftswunderland hochstilisierte. Die deutsche Einheit ist folglich vielmehr auch als Akt der Selbst- und nicht der Fremdbestimmung zu sehen (*Vgl. Schroeder 2006: 558*).

Zur Bewertung des politischen Einigungs- und ökonomischen Transformationsprozesses sollen in dieser Arbeit die vergangenen knapp 25 Jahre herangezogen und methodisch induktiv analysiert werden. Dieser Zeitraum erscheint ausreichend und sinnvoll, um einerseits zwischen Ursachen und Auslöser des deutschen Einigungsprozesses zu differenzieren und andererseits diesen einzuordnen respektive Gründe aufzuzeigen, inwieweit es sich bei der Vereinigung Deutschlands um eine überstürzte Einheit handelt oder nicht.

Eingangs der Arbeit soll sich zum besseren Verständnis der Thematik mit der sozialistischen Planwirtschaft auseinandergesetzt und nach der moralischen Konzeption der Gleichberechtigung und dieser inhärenten strukturellen Schwäche gefragt werden. Dieser steht die liberale Marktwirtschaft mit deren Quellen der Ungleichheit, die jener idealtypisch gegenübergestellt werden soll, diametral entgegen. Daran anknüpfend sollen Gorbatschows grundlegende Requisiten demokratischer Herrschaft – Gewährleistung von Wahrheit und Verantwortlichkeit der Regierung gegenüber dem Volk – als Reaktion auf den schleichenden Niedergang der Sowjetunion in den 1980er Jahren näher beleuchtet werden. Dieser politische – Glasnost – und wirtschaftliche – Perestroika – Reformprozess, um die sowjetische Macht neu zu begründen, rüttelte nicht nur an den Grundfesten des sowjetischen Systems, sondern stellte auch die Vorherrschaft über die Satellitenstaaten in Osteuropa infrage, da die Umgestaltung der Plan- zur Marktwirtschaft ohne parallele Umgestaltung des politischen Systems nicht erfolgreich verlaufen konnte. Diesbezüglich soll auch das Paradoxon der kritischen Aufarbeitung des Stalinismus beleuchtet werden, denn im Zuge dieser beraubte sich das System der Grundlage der eigenen Macht und bewirkte eo ipso den Verlust der Utopie.

Weiterhin soll auf die im Jahre 1989 zusammenlaufenden und reziproken Prozesse eingegangen werden, denn der von der Sowjetunion ausgehende Verzicht im Zuge der Aufgabe der Breschnew-Doktrin bewirkte innenpolitisch betrachtet destabilisierende Prozesse in der DDR, die das Ableben des Systems beschleunigen sollten. Daran anknüpfend muss auch auf die Initiative der Bundesrepublik Deutschland (BRD) im Rahmen des Zehn-Punkte-Plans Helmut Kohls eingegangen werden, die nicht nur das Vakuum des dahinsiechenden SED-Regimes füllen, sondern auch die Eigendynamik hinsichtlich der nationalen Revolution verstärken sollte. Diese Eigendynamik sollte sich schließlich auch in der Volkskammerwahl vom 18. März 1990 spiegeln, denn einerseits bestand keine historische Perspektive sozialistischer Systeme und andererseits bedurfte es keines zweiten deutschen Staats auf kapitalistischer Basis. Darüber hinaus verspürte die BRD auch den Handlungsdruck, wurde die Bevölkerung der DDR doch zunehmend ungeduldiger: *„Kommt die DM, bleiben wir – kommt sie nicht, geh'n wir zu ihr"* (Schroeder 2006: 164). Vor diesem Hintergrund nimmt es also nicht wunder, dass noch im Sommer dieses Jahres die Manifestierung der nationalen Revolution im Zuge der Währungs-, Wirtschafts- und Sozialunion erfolgen sollte.

Diesbezüglich muss analysiert werden, ob die im Sommer 1990 quasi mit der vertraglichen Fixierung der Währungs-, Wirtschafts- und Sozialunion erfolgte Vereinigung Deutschlands wohl überlegt oder überstürzt war, lassen sich doch viele bis dato andauernde Probleme und Handlungszwänge auf diesen Vertrag zurückführen. Weiterführend soll in einem letzten Punkt geklärt werden, ob und inwiefern die daraus resultierenden Integrationsprobleme für die heutige innere Spaltung des Landes verantwortlich gemacht werden können.

Das Ende des real existierenden Sozialismus

Der Zerfall respektive die Dismembration der Sowjetunion kamen nicht ad hoc, vielmehr wurden bereits Mitte der 1980er Jahre innerhalb der sowjetischen Machtelite erste Stimmen laut, die zwar keine Abkehr von der sozialistischen Planwirtschaft, jedoch deren Modifizierung propagierten, um die Machtstellung der Sowjetunion aufrechterhalten zu können. Die politische Legitimationskrise der KPdSU unter anderem aufgrund nicht übersehbarer Krisensymptome bezüglich extensiver Wachstumsfaktoren – endemischer Kapitalmangel, demographische Stabilisierung auf niedrigem Niveau bei erforderlichem Arbeitskräftezuwachs, Mangel an neu zu erschließenden Böden aus klimatischen Gründen und eine extreme Verteuerung der Erschließung neuer Lagerstätten von Ressourcen jeglicher Art – zwang den 1985 zum Generalsekretär der KPdSU avancierten Gorbatschow zum Handeln und zur Aufgabe der Wettbewerbsfähigkeit mit den USA, damit alle Energien der Reform an der Heimatfront konzentriert werden konnten, um die Krise als finale Erschöpfung abzuwenden (*Vgl. Malia 1998: 478*).

Im Zuge dieser Ökonomisierung und Entideologisierung der sowjetischen Außenpolitik wurde die Aufrechterhaltung des künstlichen Konstrukts der deutschen Zweistaatlichkeit erstmals angezweifelt, was der Politik des SED-Regimes mehr Eigenständigkeit verleihen sollte. Das Diktum Kurt Hagers, Sekretär des Zentralkomitees für Wissenschaft und Kultur, wonach *„man nicht sein Haus neu tapezieren müsse, nur weil der Nachbar tapeziere"* (*Trömmer 2002: 15*), gibt Aufschluss über die nicht analog ablaufenden Reformprozesse der politisch-wirtschaftlichen Ordnung in den sozialistischen Staaten. Das historische Scheitern des realen Sozialismus liegt jedoch gerade auch in diesem derivativen Charakter stalinistischer Herrschaft begründet. Der strukturelle Stalinismus und der demokratische Zentralismus als Regelungsprinzip der gesamten Gesellschaft ermöglichte keine problem- und sachbezogene Politik und zeichnete sich durch Überverantwortung sowie Erfüllung von administrativer Seite vorgesetzten Inhalten – notfalls auch durch die Anwendung von Repressionen – aus (*Vgl. Glaeßner; Glaeßner 1991: 33f.*). Diese dogmatische Haltung der SED-Führung sollte in einer realitätsfernen Politik münden, die sich durch deren Reformfeindlichkeit auszeichnete. Reformversuche wurden zwangsläufig mit dem Infragestellen des Monopols der führenden Partei verbunden und eo ipso unterbunden. Die Misere des jahrelangen Lebens *„von der verwelkten Hand in den zahnlosen Mund"* (*Müller 2006: 62*) nahm jedoch bis zum Ende der DDR nie wirklich dramatische Formen an, da der permanente schleichende Verfall und das notgedrungene rückläufige Interesse der Sowjetunion durch die Intensivierung der deutsch-deutschen Beziehungen weitestgehend aufgefangen wurden.

Nach Karl Marx sind ökonomische Interessen die Triebkraft der geschichtlichen Entwicklung; der Zusammenbruch des realen Sozialismus ist folglich keine Widerlegung, sondern eine Bestätigung des Marxismus. Das Volk dürstete nach westlichen Köstlichkeiten und nicht nach neuen sozialistischen Experimenten (*Vgl. Wolle 2008: 238*). Im Zuge der Öffnung der Mauer vom 9. November 1989 sollte den politisch Verantwortlichen der BRD zudem die Sinnlosigkeit weiterer Kredithilfen für die DDR aufzeigt werden, auch wenn diese bis dato im Verhältnis zu anderen sozialistischen Staaten noch als relativ frei von Krisen galt (*Vgl. Brzezinski 1989: 267*).

Sozialistische Planwirtschaft versus liberale Marktwirtschaft

Die Negation der Marktwirtschaft galt als Prämisse der sozialistischen Wirtschaftsordnung. Retrospektiv betrachtet, stand die sozialistische Ideologie, geprägt von Knappheit, Knechtschaft und struktureller Ineffizienz, der Marktwirtschaft, Demokratie und dem Privatbesitz als organisches Ganzes diametral entgegen (*Vgl. Malia 1998: 550*). Dominiert von der systemimmanenten strukturellen Schwäche, wonach die sozialistische Planwirtschaft nicht über leistungsmäßig-ökonomische, sondern über administrativ-parteiliche Hebel gesteuert wurde. Der fehlende Wettbewerbsdruck führte darüber hinaus seitens der Unternehmen einerseits zu keinem Budgetzwang und andererseits zu chronischer Unproduktivität. Außerdem bewirkten fehlende materielle Anreize und nicht leistungsgerechte Bezahlungen zum einen eine unzureichende Arbeitsmotivation seitens der Arbeitnehmer, die zum anderen aufgrund fehlender Sanktionsmechanismen noch gefördert wurde. Es war kennzeichnend für sozialistische Staaten, dass diese keine offene Arbeitslosigkeit kannten und das in der Verfassung verankerte Recht auf Arbeit formell verwirklicht war. Diese Form der teuer erkauften Vollbeschäftigung aufgrund von Einschränkungen der Berufswahl und des Berufswechsels und versteckter Arbeitslosigkeit in Form von Arbeitskräftereserven in den Unternehmen, die nicht voll produktiv tätig waren, steht den Prinzipien der Marktwirtschaft bezüglich der Lohnkosten und Produktivität qua Konkurrenz auf dem heimischen sowie globalen Markt diametral entgegen (*Vgl. Maydell; Nußberger und Mommsen 1999: 90*).

Der Idealtypus einer liberalen Marktwirtschaft setzt massiven Wettbewerbsdruck voraus, der ständige Innovationen bedingt, um Produktivität und die damit einhergehende Konkurrenzfähigkeit zu gewährleisten. Die Kapitalakkumulation ist neben dem Fortschritt des Wissens eine der Hauptquellen wirtschaftlichen Wachstums. Investitionen bedingen Technologiefortschritt in Form neuer Kapitalausrüstung und führen somit zur Produktivitätszunahme (*Vgl. Olson 1991: 5*). Es muss jedoch Chancengleichheit berücksichtigt und gewährleistet werden, da die Raten des ökonomischen Wachstums, die aus Anreizen zur Innovation aus einer unbeschränkten Wirtschaft erfolgen, zu gewissen Kosten sozialer Zerrüttung führen. Auch verlangen Produktivitätssteigerungen eine gewisse Reallokation, wenn ökonomische Effizienz erhalten bleiben und die Gesellschaft daran teilhaben soll (*Vgl. Olson 1991: 79-82*).

Die Aufgabe des Staates ist dabei zwar die Regulierung der Ausgestaltung institutioneller Rahmenbedingungen gesellschaftlicher und wirtschaftlicher Prozesse, im Gegensatz zur sozialistischen Planwirtschaft nicht jedoch deren Reglementierung. Da Wettbewerbsmärkte aber als Quelle beträchtlicher sozialer Ungleichheit gelten, müssen der Staat respektive die Regierung als egalitäre Kraft korrigierend eingreifen (*Vgl. Olson 1991: 227*). Neben der Legalität privaten Eigentums und der Liberalität eigentumsrechtlicher Transaktionen, sind somit auch obligatorische Haftungsregelungen und gewisse monetäre Distributionsmechanismen etabliert.

Perestroika und Glasnost – der Anfang vom Ende?

Prinzipiell kann Deng Xiaopings Paradigmenwechsel durch die allgemeine wirtschaftliche Reform- und Öffnungspolitik im Jahre 1978 als Beweis dafür gelten, dass dramatische Änderungen in der Struktur des real existierenden Sozialismus vonnöten waren (*Vgl. Hobsbawm 1995: 471*). Entscheidend jedenfalls für die Reformbemühungen Gorbatschows Mitte der 1980er Jahre war die Tatsache, dass die politische Stabilität ohne soziale Sicherheit nicht zu gewährleisten war. Wie diffizil sich jedoch die Implementation der quasi-marktwirtschaftlichen Reformen gestalten würde, dürfte Gorbatschow anfänglich nicht bekannt gewesen sein. Da Transformationsprozesse Umgestaltungen sind, die nicht nur den gesellschaftlichen Bereich, sondern die gesamte ökonomische, rechtliche, politische und soziale Ordnung betreffen, nimmt es a posteriori nicht wunder, dass der politische und wirtschaftliche Reformprozess eine destruktive Eigendynamik entwickelt hat. Die Subventionierung anderer sozialistischer Länder war nicht mehr möglich. Retrospektiv betrachtet, liegt in der Aufweichung der Breschnew-Doktrin und der Abkehr von dem Aufbringen der materiellen Ordnung in Verbindung mit dem sukzessiven Verzicht an politischer Verantwortung für Osteuropa die logische Konsequenz (*Vgl. Wettig; Löw 1991: 47*). Folglich wurden Reformbestrebungen oder Bürgerproteste in den Ostblockstaaten nicht mehr unterdrückt. Gorbatschows Reformpolitik änderte somit indirekt auch die individuellen Anreize für den Protest in der DDR Ende der 1980er Jahre (*Vgl. Opp; Opp und Voß 1993: 245f.*). Sich der eigenen Schwäche nicht bewusst, wurde der sowjetische Reformkurs von der SED-Führung nicht kopiert, sondern der „Sozialismus in den Farben der DDR" propagiert. Dieser Fakt sollte sich kontraproduktiv auf die Systemstabilität auswirken, denn im Zuge der enttäuschten Erwartungen erhöhte sich die Unzufriedenheit seitens der Bevölkerung, die ohne sowjetische Hilfe nicht mehr ignoriert respektive unterdrückt werden konnte.

Der Verlust der Utopie

Die Analyse kommunistischer Herrschaftssysteme ist generell problematisch, da Begriffe wie Wirtschaft, Staat oder Kultur ein Mindestmaß an ausdifferenzierten, sektoralen Rationalitätskriterien voraussetzen. Der reale Sozialismus folgt jedoch dem Prinzip der Einheit. Das Primat der Politik als institutionelle Entdifferenzierung mündete in einer mono-organisationalen Struktur, welche die Partei als leitenden, steuernden und integrierenden Kern vorsah und auf diesem Wege das zentralistisch verordnete Zielerreichungssystem normativ durchsetzen sollte. Dieser Katechismus des Marxismus-Leninismus im Zuge der Erziehungsdiktatur konstruierte darüber hinaus die Gesellschaft als entpolitisierte Gemeinschaft, die den gesetzmäßigen Herrschaftsanspruch der Partei nicht infrage stellte (*Vgl. Weinert; Pirker et al. 1995: 285ff.*). Die oben bereits genannten systemimmanenten Schwächen führten jedoch zu einer starken Kluft zwischen dem Anspruch der Partei und dem Befinden der Bevölkerung, entpuppte sich die Diktatur des Proletariats doch zunehmend als Diktatur der Partei, die keine effizienten Arbeitsweisen aufbrachte, um einen Überfluss hervorzubringen, den Karl Marx und Friedrich Engels als materielle Basis für die Beseitigung aller Unfreiheiten und sozialer Ungerechtigkeiten betrachteten (*Vgl. Kusch et al. 1991: 145f.*). „*Die Wirtschaftspolitik solcher Länder gleicht dem Blatt, das im Winde weht – ein Windstoß wird es plötzlich in irgendeine Richtung blasen, aber mit der Zeit wird es die Schwerkraft zu Boden ziehen*" (*Olson 1991: 220*).

Die Verfehlung eines effizienten Sozialismus wurde durch Glasnost und die Demokratisierung schließlich verstärkt. Gorbatschows Anspruch eines modernen und humanen Sozialismus und der damit einhergegangenen Examinierung der russischen und sowjetischen Geschichte war zwar einerseits aufklärend und wegweisend gedacht, in praxi zerstörte dieser jedoch die stalinistischen Mythen und Praxen, von denen das sowjetische System zehrte. Es mutet diesbezüglich paradox an, dass als Reaktion auf die sowjetischen Reformen sich die SED-Führung als Hardliner erwies und an die Front zur Verteidigung der marxistisch-leninistischen Orthodoxie trat – oder hatten die ostdeutschen Apparatschiks um Honecker bloß Angst vor der Ehrlichkeit, Angst vor ihrem eigenen Volk? *„Ja, die Ostdeutschen hatten Angst – und zu Recht. Ihre Wirtschaft ging in den späten achtziger Jahren zurück und steuerte auf den Bankrott zu, aber das hielt man noch geheim. [...] Und sie sahen [...], dass Unruhe und Widerspruch in ganz Osteuropa um sich griffen. Von Wut und Angst erfüllt, waren sie dennoch überzeugt, dass allein sie den Heiligen Gral verteidigten"* (Stern 2007: 434f.).

Der Beginn der Enttabuisierung stalinistischer Vergangenheit machte die Brüchigkeit des Allmachtsanspruchs der SED-Partei jedoch offensichtlich. Die kontraproduktive Arbeitstheorie der SED hinsichtlich der vorenthaltenen Lebensqualität galt zunehmend als Ausgangspunkt der kulturellen Krise. Die Partei galt bis dato als Verkörperung der revolutionären Idee in der Geschichte, deren informelle Verfahren der Despotie Anpassungszwänge schufen, die weit über die Möglichkeiten politischer Repression hinausgingen (*Vgl. Wolle 1999: 53*). Die systematische Verknüpfung von Berufschancen, Privilegien und Parteienmitgliedschaft galt als effektiver Mechanismus hinsichtlich des Zugangs zu qualifizierten Stellen in Verwaltung, Wissenschaft und Wirtschaft. Die SED-Führung versuchte aber bereits Anfang der 1970er Jahre der Verblassung des antifaschistischen Gründungsmythos im Rahmen einer autoritär geordneten Sicherheitsgesellschaft mit dem Programm der Einheit von Wirtschafts- und Sozialpolitik entgegenzuwirken (*Vgl. Jessen; Judt 1998: 34ff.*). Die Gesellschaft war zwar stets eingebettet in Massenorganisationen, die von der SED kontrolliert und als Instrument zur Durchsetzung der jeweiligen Politik genutzt wurden, der Generationswechsel sollte jedoch nichtsdestotrotz in einem Generationskonflikt münden. Die jüngere Generation resignierte förmlich an dem unzureichenden Konsumangebot, dem Versorgungsmangel und niedrigen Lebensstandard sowie an der desolat empfundenen Wirtschaftslage, der zunehmenden politischen Verkrustung und Immobilität (*Vgl. Steiner 2007: 220*). Letztlich gingen der jüngeren konsumorientierten Bevölkerung unter Berücksichtigung der wirtschaftlichen und politischen Magnetisierung des Westens auch die Gründe aus, die für eine Verteidigung des Sozialismus gesprochen hätten.

1989 - das annus mirabilis

Das Jahr 1989 steht für die Verquickung mehrerer Elemente des Zerfalls der alten Ordnung. Wie im Verlauf dieser Arbeit bereits erwähnt, spielen wirtschaftliche Gründe eine Rolle für den Zerfall; die Reduzierung des Umbruchs auf eine wirtschaftliche Krise würde den sehr differenzierten Vorgängen des Jahres allerdings nicht gerecht werden. Rolf Reißig zeigt diesbezüglich drei Faktoren der aus dem Umbruch resultierenden Eskalation der Ereignisse Ende 1989 und des damit einhergegangenen Zusammenbruchs der Gerontokratie der SED auf. Erstens wurde durch die wirtschaftliche Krise die Wirkungs- und Bindemöglichkeit der Sozialpolitik eingeengt. Die tiefe Legitimationskrise resultierte quasi aus dem allzu hohen Preis für die politische Indoktrination und dem Verlust der Utopie und der Zukunft im Rahmen des Reformprogramm Gorbatschows. Zweitens ist die Koinzidenz mit dem Zusammenbruch aller staatssozialistischen Systeme Osteuropas von größter Bedeutung. Die Machtkonzentration und das Wahrheitsmonopol der Partei im Zuge der Deformation des Sozialismus durch den Stalinismus wurden der modernen, hochkomplexen und differenzierten Gesellschaft nicht mehr gerecht. Drittens wurde die Krise durch die Ereignisse im Sommer und Herbst 1989 beschleunigt. So darf die Multikausalität zwischen den endogenen Faktoren der Resistenz des poststalinistischen Herrschaftsapparates im Zuge der gefälschten Kommunalwahlen vom Mai, der stetigen Ausreisewelle, der Gründung der Bürgerbewegungen und der Massendemonstrationen nicht vernachlässigt werden, da diese maßgebend zur Agonie des SED-Regimes beitrugen (*Vgl. Reißig; Glaeßner 1991: 81-85*). Die stets latenten Konfliktpotentiale wurden jedoch auch durch die exogenen krisenbeschleunigenden Faktoren offensichtlich. So galt die Liberalisierung in Osteuropa respektive Polen und Ungarn als Schreckgespenst des SED-Regimes, da dieser eine hohe symbolische Funktion zugesprochen werden konnte. In Polen fanden am 4. Juni 1989 die ersten freien Wahlen statt, die durch die Sowjetunion weder verhindert noch rückgängig gemacht wurden und in Ungarn transformierten die Reformkommunisten und die relativ starke Oppositionsbewegung das Land selbständig in einen demokratischen Staat und öffneten mit der stillschweigenden Zustimmung Gorbatschows am 11. September 1989 sogar die Grenze zu Österreich. Die Entwicklungen in Polen und Ungarn haben folglich entscheidend zu den politischen Veränderungen in der DDR beigetragen, da diese einerseits die Möglichkeiten aufzeigten, in kommunistischen Diktaturen durch Bürgerproteste politische Änderungen zu vollziehen und andererseits diese vollzogenen Änderungen nicht mehr durch das Eingreifen von Truppen des Warschauer Paktes zunichte gemacht wurden (*Vgl. Opp; Opp und Voß 1993: 247-250*).

Republikflucht – Abstimmung mit Füßen

Das große Protestpotential im Zuge der Unzufriedenheit wurde durch die Ausreisewelle im Sommer 1989 maßgeblich verstärkt, drohte die DDR doch auszubluten. Es entstanden massive Engpässe aufgrund von Personalmangel im wirtschaftlichen Bereich. Claus Offe spricht in diesem Zusammenhang auch von einer Exit-Revolution, denn seiner Meinung nach führte nicht der siegreiche Kampf um eine neue politische Ordnung zum Ende des Staates der DDR, sondern die massenhafte individuelle Auswanderung, die dessen ökonomische Basis zerstörte (*Vgl. Geisel 2005: 132*). Eine Reaktion der zunehmend starrsinniger agierenden SED-Führung, die Reformen und eine Verbesserung der Situation im Land angedeutet hätte, blieb jedoch weiterhin aus. Stattdessen wurden die Menschen, die sich in der BRD eine bessere Zukunft erträumten, ihre Familien dafür zurückließen und ihr Hab und Gut dafür aufgaben, von der SED-Spitze Erich Honecker Anfang Oktober abqualifiziert und die BRD mit deren „Heim-ins-Reich-Psychose" als Drahtzieher denunziert: *„Das vorgegaukelte Bild vom Leben im Westen soll vergessen machen, was diese Menschen von der sozialistischen Gesellschaft bekommen haben und was sie nun aufgeben. [...] Sie alle haben durch Ihr Verhalten die moralischen Werte mit Füßen getreten und sich selbst aus unserer Gesellschaft ausgegrenzt. Man sollte Ihnen deshalb keine Träne nachweinen"* (*Schroeder 2006: 135*).

Dabei waren die Ursachen für die Fluchtwelle vielfältig und zudem dem Ministerium für Staatssicherheit (MfS) wohl bekannt. So herrschte neben der Unzufriedenheit über die allgemeine Versorgungslage auch eine große Verärgerung über die unzureichenden Dienstleistungen und die damit oftmals verbundene Bürokratie. Darüber hinaus hatte der große Teil der Bevölkerung Unverständnis für die Mängel in der medizinischen Versorgung und Betreuung. Eingeschränkte Reisemöglichkeiten und unbefriedigende Arbeitsbedingungen sowie die Inkonsequenz beim Leistungsprinzip wurden ebenfalls als Gründe genannt (*Vgl. Bollinger 1998: 82f.*).

Der heiße Herbst als Zeichen staatlicher Ohnmacht?

Die Ereignisse im Herbst 1989 müssen sehr differenziert betrachtet werden, da trotz aller Dysfunktionalitäten, mit denen sich der real existierende Sozialismus im Herbst 1989 konfrontiert sah, die Systemfrage nicht gestellt wurde. Vielmehr ließen sich viele Bürger durch die Reformen Gorbatschows inspirieren, in dem Glauben, diese würden die gesellschaftlichen Verhältnisse in der DDR verbessern. Pathos der Revolution war der konstitutionelle Sozialismus (*Vgl. Zwahr 1993: 109*). An oberster Stelle des von der Opposition eingeschlagenen evolutionären Weges stand die Entflechtung von Partei, Staat und Gesellschaft. Bürgerliche Freiheitsrechte sollten mit dem Prinzip der sozialen Gerechtigkeit verknüpft werden. *„Sozialisiert und indoktriniert in 40 Jahren Sozialismus, war eine Übernahme des politischen und gesellschaftlichen Systems der Bundesrepublik nie die Vision der Opposition"* (*Trömmer 2002: 279f.*). Darüber hinaus hat die faktische Bindung der Opposition an die Kirche und die kirchenpolitische Fixierung der Amtskirche auf den SED-Staat eine oppositionelle Selbstentfaltung verhindert (*Vgl. Neubert 2000: 806f.*). Die politischen Grundrichtungen entwickelten sich durch die Zunahme der Demonstrationen. So wurde der Ruf nach Demokratisierung, Grundrechten und Grundfreiheiten, Machtwechsel und Zerstörung der Machtapparate im Zuge der Borniertheit des SED-Regimes sukzessive lauter (*Vgl. Zwahr 1993: 130f.*).

Die Handlungsunfähigkeit des SED-Regimes drückte sich zwar durch die Zunahme der Bürgerproteste aus. Der Sicherheitsapparat des MfS funktionierte dennoch einwandfrei und schien gut vorbereitet und informiert zu sein, ließ sich doch von einem oppositionellen Selbstverständnis im Zuge der Unterwanderung durch die Staatssicherheit kaum sprechen (*Vgl. Pingel-Schliemann 2004: 109*). *„Rein polizeitaktisch hätte man bis zum 9. Oktober 1989 die Demokratiebewegung zerschlagen können"* (*Wolle 1999: 341f.*). Ja, sogar zerschlagen müssen, denn mit der friedlich verlaufenen Massendemonstration vom 9. Oktober in Leipzig, wurde ein Präzedenzfall geschaffen, der nicht mehr revidiert werden konnte. Die oppositionellen Bestrebungen konnten aufgrund der Lageentwicklung nur noch politisch beeinflusst, nicht aber mit repressiven Mitteln liquidiert werden (*Vgl. Winkler 2005: 494*). Auch kann dieses Ausbleiben der „sichtbaren" staatlichen Gewaltanwendung hinsichtlich der Zerschlagung der Demonstration in Leipzig als *point of no return* des Umbruchs verstanden werden (*Vgl. Rochtus 1999: 139*). So registrierte dieser in der Zeit vom 16. bis 22. Oktober 1989 24 nicht genehmigte Demonstrationen mit insgesamt über 140.000 Personen; vom 23. bis 29 Oktober 145 mit 540.000 Teilnehmern; vom 30. Oktober bis zum 5. November 210 Aktionen mit 1,35 Millionen Demonstranten (*Vgl. Thaysen 1990: 182*). Herrschten vor dem 9. Oktober eine hohe Sanktionswahrscheinlichkeit und Sanktionsfurcht, überwog nun der Nutzen die Kosten, erschien nun zielgerichtetes rationales Handeln nach dem Prinzip der Nutzenmaximierung für opportun (*Vgl. Opp; Opp und Voß 1993: 63-70*).

Die Feierabendrevolution ohne Revolutionäre vollzog sich nun auf der Straße. Die Menschen beteiligten sich an der Herstellung eines kollektiven Gutes im Zuge der Bedeutung selektiver Anreize, um private Vorteile zu erzielen und erhöhten somit den innenpolitischen Druck auf das SED-Regime, das am 1. November schließlich wieder den visafreien Reiseverkehr in die Tschechoslowakei zuließ; ohne zu ahnen, dass diese am 3. November die offizielle Grenzöffnung zur BRD vollziehen sollte. *„Seit Freitagnacht ist nicht – wie es im Fernsehen hieß – die Mauer symbolisch gefallen: Nein, die Realität ist gefallen, und das Symbol steht in Berlin herum"* (*Winkler 2005: 508*). Die logische Konsequenz dieser Entwicklung war der 9. November, der durch Günter Schabowskis historischen Irrtum zu einem der bedeutendsten Tage der deutschen respektive europäischen Geschichte werden sollte. Tausende von Ost-Berlinern gaben in der Nacht vom 9. November dem Zufall seinen geschichtlichen Sinn (*Vgl. Stern 2007: 582*). Die historische Perspektive sozialistischer Systeme schien endgültig verspielt, war doch kein qualitativer Wandel möglich, keine alternative gesellschaftliche Entwicklungsrichtung absehbar.

Der Mauerfall – Revolution in der Revolution

Prägend für den 9. November 1989 wurde der Begriff „Wende"; dieser banalisiert jedoch die Vorgänge des Mauerfalls und hebt die Geschicke der SED hervor, da Egon Krenz, der Nachfolger des viel zu spät gestürzten Erich Honeckers, die Wende im Zuge seiner Reformversprechungen verkündet hatte. Vielmehr stellt hier die Volksbewegung den zentralen Motor der Veränderung dar, denn *„innerhalb kürzester Zeit wurde nicht nur das oberste politische Führungspersonal ausgetauscht, sondern auch ein fundamentaler Systemwechsel erreicht:*

wirtschaftlich, gesellschaftlich, verfassungspolitisch und ideologisch" (*Ihme-Tuchel 2002: 75*). Weiterhin kann mit Klaus Schroeder behauptet werden, dass der Revolution der Freiheit ab dem 9. November die Revolution der Nation folgte (*Vgl. Schroeder 2006: 196f.*).

Ein entscheidender Aspekt des Mauerfalls ist wohl der Wegfall der Kreditwürdigkeit der DDR, denn damit verlor diese deren letztes Tauschmittel und sah sich fortan mit einer bankrotten Wirtschaft und ohne Verhandlungsmasse gegenüber der Bundesrepublik konfrontiert (*Vgl. Hertle; Pirker et al. 1995: 345*). Darüber hinaus konnte auch nicht mehr mit einem Eingreifen der Sowjetunion gerechnet werden, da diese wie oben bereits erwähnt im Zuge der imperialen Überdehnung und systemimmanenten Defekte kurz vor dem Kollaps stand und demzufolge auf westliche Kredithilfe angewiesen war.

Das Ausmaß der Veränderungen nach dem 9. November hatte dazu geführt, dass insgesamt die Anreize für Protest wieder zurückgingen. Wurde die Revolution von „unten" nun von „oben" vollendet? Zunächst muss festgestellt werden, dass die Unverhofftheit der Revolution eine gewisse Konzeptlosigkeit bewirkte und Ambivalenz das Handeln der Akteure bestimmte. So ließ sich das Treiben der politischen Ordnung in Richtung Demokratie westlichen Typs zwar nur schwer aufhalten, die Regierungserklärung des am 13. November zum Ministerpräsidenten der DDR bestimmten und dem konzeptlosen Egon Krenz folgenden Hans Modrow liest sich dennoch als Zementierung der Zweistaatlichkeit im Rahmen innerer Reformen: *„Damit wird die Legitimation der DDR als sozialistischer Staat, als souveräner deutscher Staat erneuert. Nicht durch Beteuerungen, sondern durch eine neue Realität des Lebens in der DDR wird den ebenso unrealistischen wie gefährlichen Spekulationen über eine Wiedervereinigung eine Absage erteilt"* (*Weidenfeld et al. 1998: 75f.*). Fakt ist, dass die Forderung nach einer reformierten DDR mit einem reformierten Sozialismus die Vorstellung beider Parteien traf, der Bürgerbewegungen und der ehemaligen Staatspartei. (*Vgl. Trömmer 2002: 283*). Schließlich war Modrows Regierung Anfang 1990 aber so schwach, dass diese der Implementierung des Runden Tisches als zentrales Kontroll- und Steuerungsorgan akzeptieren und mit diesem die „Regierung der nationalen Verantwortung" bilden musste (*Vgl. Winkler 2005: 544f.*). Es nimmt somit nicht wunder, dass die Etablierung des Runden Tisches eine gewisse Stabilisierung der DDR einleitete, wusste Modrow es doch geschickt zu nutzen, die oppositionelle Energie hinsichtlich der Institutionalisierung des Runden Tisches geschickt zu kanalisieren, um auf diesem Wege neuen Rückhalt in der Gesellschaft zu finden (*Vgl. Neubert 2000: 880*). Nichtsdestotrotz blieb der „Dritte Weg", der Sozialismus und Demokratie amalgamieren sollte, Muster ohne Wert, denn eine objektive Diagnose der schweren ökonomischen Krise erfolgte genauso wenig wie ein responsives Verhalten gegenüber den Wünschen und Alltagsbedürfnissen der Bevölkerung (*Geisel 2005: 116*). Uwe Thaysen gibt demgegenüber zwar zu verstehen, dass der Runde Tisch maßgeblich den allgemeinen Prozess der Befreiung auf der zentralen, staatlichen Ebene gestaltet hat. So wurden die SED und die Staatssicherheit niedergerungen und jene gesetzliche Voraussetzungen geschaffen, welche die politische Pluralität in der DDR rechtlich absicherten (*Vgl. Thaysen 1990: 151*). Er sagt aber auch, dass der Runde Tisch an Akzeptanz verlor, weil dieser einerseits aufgrund der nicht gewählten Mitglieder nur bedingt als „Schule der Demokratie" gelten konnte und andererseits die Modrow-Regierung den Runden Tisch für die Herausbildung neuer und alter Identitäten instrumentalisierte (*Vgl. Thaysen 1990: 172ff.*).

Das Endziel der Einheit

Die offizielle Vereinigung Deutschlands vollzog sich zwar erst am 3. Oktober 1990, die Selbstaufgabe der SED erfolgte jedoch bereits mit der Streichung des Führungsanspruchs und des Wahrheitsmonopols der Partei aus der Verfassung (Art. 1) am 1. Dezember 1989 (*Vgl. Fulbrook 1995: 263*). Darüber hinaus stellte der Runde Tisch zwar kein institutionelles Ideal der Demokratie dar, als Institution der Transformation politischer Systeme zu offenen Gesellschaften sollte er jedoch entscheidend den Weg zur Demokratie ebnen und sich quasi selbst überflüssig machen (*Vgl. Thaysen 1990: 175f.*).

Wie oben bereits erwähnt, war der „Dritte Weg" gekoppelt mit der staatlichen Identität der DDR. Modrow wollte im Rahmen einer europäischen Friedensordnung die Zweistaatlichkeit gesichert sehen. Auch die oppositionellen Bestrebungen im Rahmen des Runden Tisches sahen in der Zweistaatlichkeit die Chance auf demokratische Selbstverwirklichung. *„Die Festung DDR, meinten sie, kann man nur von innen stürmen"* (*Hofmann 2008: 20. November*). Die Planwirtschaft sollte beibehalten und nur bei konkreten Engpässen Privatisierungen zugelassen werden (*Vgl. Rochtus 1999: 159ff.*). Die Hypotheken des gescheiterten Sozialismus sollten in den Köpfen der Verantwortlichen somit weiter wirken, so dass die inneren Widersprüche beim Konzept eines demokratischen Sozialismus und dessen Überverantwortung bestehen blieben. Bricht dieses doch mit drei essentiellen Freiheiten: kein Besitz an Produktionsmitteln und Grund und Boden; private Produktionsmittel dürfen nicht dem freien Markt überverantwortet werden; kein freier Kapital- und Devisenverkehr (*Vgl. Schenk; Löw 1991: 180f.*). Der überschätzten Selbstdarstellung der DDR als Stützpfeiler einer neuen europäischen Architektur sollten im Rahmen von diversen Externalitäten jedoch zunehmend realistischere Einschätzungen und die damit einhergegangene Aufgabe der Zweistaatlichkeit folgen. Modrows „leichtes Reisegepäck" war nicht mal annähernd eine Antwort auf die großen finanziellen Engpässe der DDR (*Vgl. Rochtus 1999: 228ff.*) Vielmehr gingen die Verantwortlichen davon aus, im Zuge des angepassten Demokratiekonzepts, das die Stabilisierung bestehender Strukturen vorsah, Kredithilfen von der BRD zu bekommen.

Auf den Druck der BRD hin, die wirtschaftliche Hilfen nur bei eindeutigen Reformen in Richtung Demokratie und Marktwirtschaft leisten wollte, entwickelte sich die friedliche Koexistenz zunehmend zu einer kooperativen. Helmut Kohl entwarf daraufhin ein Konzept, dass der orientierungslosen Öffentlichkeit und der angelaufenen Diskussion über Deutschlands Zukunft eine Richtung vorgab.

Das Zehn-Punkte-Programm – Helmut Kohls parteipolitischer Coup

Retrospektiv betrachtet, kann das Zehn-Punkte-Programm vom 28. November 1989 als Umwälzung aller bisherigen Überlegungen gesehen werden, zog Kohl doch dadurch die Meinungsführerschaft an sich, indem er Initiative zeigte. Auch füllte er auf diesem Wege das herrschende Machtvakuum geschickt. Der Überraschungseffekt seiner deutschlandpolitischen Initiative ließ keine Zerredung der Einheitspläne im Vorfeld zu. Auch kann deren nachträgliche Billigung als erster großer Schritt Richtung Einheit gewertet werden (*Vgl. Winkler 2005: 526*), wenn auch nicht alle Beteiligten sich der Sichtweise Kohls anschlossen. So behauptet Margaret Thatcher später: „*Wenn es einen Fall gibt, indem eine von mir verfolgte Außenpolitik unzweideutig gescheitert ist, dann war es meine Politik bezüglich der deutschen Wiedervereinigung*" (*Stern 2007: 594*).

Kohls Konzept sah die Vereinigung Deutschlands als operatives Ziel im Rahmen der europäischen Integration vor. Diese feste Verankerung in einer weiter zu vertiefenden Europäischen Gemeinschaft als Teil der westlichen Staatengemeinschaft, aber auch die allgemein akzeptierte Westbindung der BRD schufen die Basis für das dem Einigungsprozess entgegengebrachte Vertrauen seitens der Alliierten. Das operative Ziel der Vereinigung Deutschlands sah zwar keinen

Zeithorizont vor, Kohls Besuch in Dresden am 19. Dezember 1989 sollte ihm jedoch deutlich zeigen, dass der innere Druck in der DDR unweigerlich in Richtung Einheit führen und der Zeithorizont wesentlich kürzer sein würde, denn die BRD galt bei der Bevölkerung zunehmend als idealer Ausweg aus der postsozialistischen Schwebe, erhoffte diese sich doch die Freiheit, die harte DM, materiellen Wohlstand, qualitative Arbeit und soziale Sicherheit. Es nimmt somit nicht wunder, dass sich die Ostdeutschen bei der Volkskammerwahl vom 18. März für das konservative Wahlbündnis „Allianz für Deutschland" und bei der Bundestagswahl vom 2. Dezember 1990 für die CDU und deren Kanzlerkandidaten Helmut Kohl aussprechen sollten.

Die Volkskammerwahl vom 18. März 1990 – Plebiszit für die Vereinigung

Wie oben bereits erwähnt, spielten ökonomische Fragen eine untergeordnete Rolle. Die Überlebensfähigkeit der DDR wurde seitens des Runden Tisches nicht angezweifelt. Vielmehr propagierten die Verantwortlichen eine gewaltfreie, pazifistische DDR, die als Konsensdemokratie Chancengleichheit und Bürgerrechte gewährleisten und die sozialen und Gerechtigkeitsansprüche der DDR verteidigen sollte (*Vgl. Bollinger 1998: 296*). Die Legitimitätsprobleme des Runden Tisches waren jedoch gravierend. Erstens stand die Frage nach der Legitimität des SED-Staates generell im Raum. Es fand ein tägliches Plebiszit im Zuge der Flucht- und Demonstrationsbewegung statt. Zweitens konnte der Runde Tisch für sich nur eine geringe Eigenlegitimation geltend machen. Da dieser nicht gewählt wurde, konnte nur von einer geringen Repräsentationsfähigkeit ausgegangen werden (*Vgl. Thaysen 1990: 178f.*). Im Zuge der Volkskammerwahlen bildeten sich dann auch drei Strömungen heraus, die sich gänzlich unterscheiden sollten. Die Poststalinisten plädierten weiterhin für einen reformierten, aber unabhängigen Staat. Die Bürgerbewegungen kämpften für ein sozialpolitisches System, das kapitalistische Effizienz mit größerer sozialer Gerechtigkeit verbinden sollte. Die westdeutschen Parteien dagegen konzentrierten sich schon längst auf das Problem, wie die Vereinigung Deutschlands zu lösen sei (*Vgl. Stern 2007: 588*). Die nach Stefan Bollinger fremdbestimmte Wahl vom 18. März 1990 stellte eine klare Absage an die Fortsetzung eines wie auch immer gearteten Sozialismus dar und konnte als Plebiszit für die Vereinigung gewertet werden (*Vgl. Bollinger 1998: 303f.*). Auch Dieter Segert sieht nun die Nötigung zu Identitätsverleugnung für erreicht (*Vgl. Hofmann 2008: 20. November*). Fakt ist, dass die Wahl mit der für ein seit 58 Jahren von menschenverachtender Politik geschundenes Volk überwältigenden Wahlbeteiligung von 93,2 Prozent bezeichnend ist, denn das konservative Wahlbündnis „Allianz für Deutschland" verfehlte nur knapp die absolute Mehrheit. *„Nur die Wirklichkeit eines marxistisch-leninistischen Staates, nur das, was sich real existierender Sozialismus nannte, hatte [...] Arbeiter dazu bringen können, für die CDU zu stimmen"* (Stern 2007: 589).

Die Währungs-, Wirtschafts- und Sozialunion – point of no return

Der aus der Wahl hervorgegangene Vorsitzende des Ministerrates und Ministerpräsident der DDR Lothar de Maizière (CDU) versuchte den DDR-Bürgern die Angst zu nehmen und Vertrauen zu stiften, indem er den erheblichen substanziellen Schwund offen legte und die Marktwirtschaft nicht als Selbstzweck pries, sondern als eine natürliche, international bewährte, effektive Wirtschaftsform (*Vgl. Maizière; Münch 1991: 192ff.*). Es spricht somit vieles dafür, dass bereits zu diesem Zeitpunkt das Schicksal der DDR besiegelt war, jedoch die vertraglichen Voraussetzungen erst noch geschaffen werden mussten. Das Projekt einer Währungs-, Wirtschafts- und Sozialunion wurde folglich forciert, auch wenn massive Kritik an der Einführung der DM in der DDR nach dem Stichtagsmodell zu vernehmen war. Diverse Kritiker äußerten, dass eine Währungsunion nur nach längeren ordnungspolitischen und wirtschaftsstrukturellen Angleichungsprozessen für sinnvoll erachtet werde, da die Löhne sonst der Produktivität vorauseilten, die Kaufkraft mangels Nachfrage aus der DDR-Wirtschaft abfließen würde und die Stabilität der ostdeutschen Wirtschaft nur durch massive finanzielle Transfers aus Westdeutschland gewährleistet werden könne (*Vgl. Schroeder 2006: 163*). Diese blieben jedoch ungehört; wirtschaftliche Aspekte sollten keine Rolle spielen. Vielmehr sollte die Währungs-, Wirtschafts- und Sozialunion – nach Glauben westdeutscher Politiker – Deutschland ein zweites Wirtschaftswunder bescheren. Der Mythos des Jahres 1948 mit der Währungs- und Wirtschaftsreform als gesellschaftlicher Kitt war stark genug, um die wirtschaftlichen Entscheidungen im Vorfeld der deutschen Einheit zu beeinflussen (*Vgl. Abelshauser 2004: 405*). *„Monetary union beckoned in March 1990 in effect as a rainbow bridge to an economic Valhalla; not to a resurgence of German nationalism. In fact, it ended up bringing about neither"* (Maier 1997: 237).

Schließlich wurde die deutsche Einheit auf wirtschaftlichem Gebiet mit der Umstellung der staatlich gelenkten Kommandowirtschaft auf eine ökologisch orientierte soziale Marktwirtschaft mit dem Wettbewerb als wichtigstem Regulativ am 1. Juli 1990 mit dem Stichtagsmodell vollzogen. Dieses ging einher mit einer einheitlichen Eigentums- und Rechtsordnung, einer Wirtschaftsordnung, einer Sozialordnung und einer gemeinsamen Währung. Ziele der Währungsunion waren die Ausdehnung des Währungsgebietes, die Markterschließung und die unwiderrufliche Einleitung der Vereinigung Deutschlands, aber auch die Liquiditätsausstattung, die Entschuldung des Staates und der Wirtschaft der DDR sowie die Beseitigung des Geldüberhangs. Die asymmetrische Umstellung der Forderungen und Verbindlichkeiten im Zuge der von der Bundesbank propagierten Geldwertstabilität war jedoch suboptimal, denn einerseits bewirkte diese den Verlust des Geldvermögens und andererseits konnten Altkredite – marktlich verzinst – nicht mehr bedient werden. Infolgedessen hat die Bevölkerung der DDR für die Geldwertstabilität bezahlt. Der Rückgang wirtschaftlicher Leistungsfähigkeit ist zudem dem Preisanstieg im Zuge der Einführung der DM geschuldet. Die RGW-Staaten als die überwiegenden Handelspartner der DDR wurden nun zu Devisen-Märkten, es erfolgte jedoch eine Aufwertung der eigenen Währung um mehr als 300 Prozent. Die daraus resultierenden rückläufigen Umsätze und fehlenden Gewinne im Kontext mit den steigenden Löhnen und wegbrechenden Absatzmärkten durch die Währungsumstellung führten zum Kollaps vieler Betriebe und zur Entwertung des Anlagekapitals (*Vgl. Busch; Bahrmann und Links 2005: 85-90*).

Abschließend muss gesagt werden, dass die Währungs-, Wirtschafts- und Sozialunion als politischer Coup den *point of no return* darstellte, da die institutionelle Integration weit mehr als nur ein monetärer Akt war; es war die entscheidende Weichenstellung hin zu einer gesamtdeutschen Zukunft, auch wenn mit Hinblick auf die Vertragspartner und Unterzeichner – Theo Waigel, Finanzminister der BRD und Walter Romberg, Finanzminister der DDR – unter Rücksichtnahme auf die Alliierten hinsichtlich des noch gültigen Potsdamer Abkommens der Währungs-, Wirtschafts- und Sozialunion der offizielle Charakter abgeht.

Von der unverhofften zur überstürzten Einheit?

Heinrich August Winkler gibt zu verstehen, dass es drei gute Gründe für die Verantwortlichen der BRD gab, die schnelle Vereinigung Deutschlands nach Artikel 23 des Grundgesetzes zu vollziehen und eben nicht den sehr viel langsameren Weg über Artikel 146 zu gehen: Erstens war ein eventueller Führungswechsel in Moskau, der die Phase der internationalen Entspannung beenden würde, nicht ausgeschlossen; zweitens sprach die schlechte wirtschaftliche Lage der DDR und die damit einhergegangene Kredithilfe der BRD gegen eine Aufrechterhaltung der Zweistaatlichkeit und drittens war die Mehrheit der ostdeutschen Bevölkerung materialistisch gestimmt (*Vgl. Winkler 2005: 554f.*).

So unverhofft die Chance der Vereinigung Deutschlands mit der Öffnung der Mauer am 9. November 1989 auch kam, es zeigt sich in dem anschließenden Handeln der Verantwortlichen der BRD bis zum 3. Oktober 1990 hinsichtlich der Ausarbeitung eines Zehn-Punkte-Programms, des Angebots einer Währungs-, Wirtschafts- und Sozialunion an die DDR, der deutsch-französischen Initiative zu einer europäischen Politischen Union und der Bereitschaft zu großzügiger Finanz- und Wirtschaftshilfe an die Sowjetunion eine gewisse Kontinuität, so dass behauptet werden kann, dass diese die Vereinigung Deutschlands fest im Visier hatten (*Vgl. Weidenfeld et al. 1998: 640f.*).

Auch wenn der Preis der Vereinigung Deutschlands die bis dato begrenzte Handlungsfähigkeit des Bundes bedeutete, kann mit Werner Abelshauser gesagt werden, dass es eine geschichtsmächtige Ausnahmesituation war, in der ungeahnte schöpferische Gestaltung genutzt wurde (*Vgl. Abelshauser 2004: 401*). Erschwert wurde der Einigungsprozess jedoch durch die Komplexität zwei miteinander verschränkter Transformationsprozesse: Von der Diktatur zu einem demokratischen Rechtsstaat und von der sozialistischen Planwirtschaft zur sozialen Marktwirtschaft (*Vgl. Schröder; Bahrmann und Links 2005: 35*). Die höchst unterschiedlichen sozialen Charakteristika ließen sich nicht qua Gesetz oder mit Hilfe der Deutschen Bundesbank angleichen; Profitorientierung, Konkurrenz und soziale Kälte waren unbekannte Phänomene für DDR-Bürger, die erst gelernt werden mussten (*Vgl. Glaeßner; Reißig und Glaeßner: 140*). Zudem kam die Einheit schneller als der Zusammenbruch der DDR-Wirtschaft. Dieser Fakt verstärkte erstens den Irrtum im Osten, wonach sich der Westen die DDR-Wirtschaft einverleibt hat und rief zweitens eine Siegermentalität des Westens hervor, die den eigenen Reformbedarf überlagerte (*Vgl. Schröder; Bahrmann und Links 2005: 47)*. Es mochte auch der Grund dafür sein, dass sich die Ostdeutschen zunehmend von den „Besser-Wessis" bedrängt fühlten. So nimmt es nicht wunder, dass sich Lothar de Maizière (CDU) anlässlich der Vereinigung Deutschlands hinsichtlich der von der BRD erwünschten nachgiebigen und demütigen Haltung der Ostdeutschen mit ätzender Ironie äußerte: *„Es tut mir Leid, dass ich nicht 16 Millionen Säuglinge mit mir bringe"* (Stern 2007: 596).

Das Zeitfenster internationaler Entspannungspolitik

Die deutsche Teilung als Produkt des Kalten Krieges zwischen den USA und der Sowjetunion hatte im Zuge der Entspannungspolitik Ende der 1980er Jahre im Gleichgewichtssystem der internationalen Politik deren zwingende Logik eingebüßt. Auch hatten die gesellschaftliche Fortschrittsperspektive und der Glaube an die „historische" Überlegenheit des Sozialismus im Zuge der sowjetischen Reformen massiv an Strahlkraft verloren *(Vgl. Abelshauser 2004: 400f.)*, so dass sich die Erosion der Machtverhältnisse in der DDR nicht nur allein aus dem in der Krise entstehenden Wunsch nach der deutschen Einheit erklären lässt. Vielmehr untergrub die Normalisierung der Lage in Europa die Existenzgrundlage der DDR, weshalb die stereotypen Feindbilder und Bedrohungsängste verblassten *(Vgl. Wolle 1999: 343)*. Zudem verlief der innere Einheitsprozess stets parallel zum äußeren Integrationsprozess. Die Frage der Vereinigung Deutschlands war eingebettet in einem Mächtedreieck, in dem die Sowjetunion, die NATO respektive die USA und die BRD hinsichtlich deren Positionen übereinkommen mussten. Deutschland galt aus Sicht der USA als eine gefestigte Demokratie, die hinsichtlich der Einheit Selbstbestimmungsrecht geltend machen konnte und deren Mitgliedschaft in der NATO außer Frage stand. Die BRD hatte gegenüber der Sowjetunion die Verhandlungsmacht, da Gorbatschow unabhängig von den mächtigen Rechtstiteln durch die Transformation der Sowjetunion erheblich geschwächt war. Eine Konfrontation gegenüber dem Westen hätte Gorbatschows Ziel, innerstaatliche Reformen zu vollziehen, behindert, war dieser doch auf den finanzkräftigen Westen angewiesen. Es nimmt somit nicht wunder, dass die Sowjetunion im Rahmen der Zwei-plus-Vier-Verträge dem NATO-Beitritt eines vereinigten Deutschlands und dem Abzug der sowjetischen Truppen aus der DDR zustimmte.

Der Materialismus der DDR-Bevölkerung

Das 41. Jahr der DDR *„hätte auch einen anderen Anfang möglich gemacht als den, den die westdeutsche politische Klasse 1990 mit Hilfe ihrer überlegenen wirtschaftlichen Macht und ihrer größeren politischen Autorität innerhalb der DDR-Bevölkerung schließlich durchgesetzt hat"* (*Hofmann 2008: 20. November 2008*). In der Tat kann Helmut Kohl mit Hinblick auf die Bundestagswahl von 1990 eine gewisse politische Opportunität statt ökonomischer Vernunft vorgeworfen werden; führt Ulrich Busch doch an, dass die heutige Diskrepanz zwischen Ost- und Westdeutschland hinsichtlich der Vermögensverteilung sich auch auf die Währungsunion zurückführen lässt (*Vgl. Busch; Bahrmann und Links 2005: 91*). Fakt ist aber auch, dass das SED-Regime ökonomisch, ideologisch und moralisch versagt hatte und die Bevölkerung diesem zutiefst misstraute. Schließlich war es hochgradig ungeduldig und auf die DM fixiert. So nahmen bereits 1988 die in der DDR gehaltenen DM-Bestände einen Anteil von 62 Prozent des insgesamt umlaufenden Bargeldes ein (*Vgl. Steiner 2007: 221*). Kohl hatte somit lediglich Bedürfnisse bei der Bevölkerung geweckt, welche die DDR mit dessen exorbitanten Schulden und maroder Infrastruktur und Wirtschaft schon lange nicht mehr befriedigen konnte. Die volkswirtschaftliche Produktivität der DDR lag 1989 etwa zwei Drittel hinter der der BRD. Die im Verlauf dieser Arbeit bereits angesprochene Resignation der Bevölkerung resultierte ja auch aus dem unzureichenden Konsumangebot, dem Versorgungsmangel, der desolat empfundenen Wirtschaftslage und dem vergleichsweise niedrigen Lebensstandard. Gerade diese Sehnsucht nach dem westlichen Lebensstandard, der einem im West-Fernsehen immer vorgelebt wurde und die Hoffnungen auf bessere gesellschaftliche Verhältnisse, die diese mit Kohl verbanden, können somit auch als Indikator für den Sieg des Wahlbündnisses „Allianz für Deutschland" bei der Volkskammerwahl vom 18. März 1990 und den der CDU bei der Bundestagswahl vom 2. Dezember 1990 interpretiert werden.

Der relative Wohlstand der DDR auf Kosten der BRD

Die selbstlegitimatorische Inszenierung des Gesellschaftsmodells der SED wurde besonders durch eine in den Schwerpunkten zugunsten der Arbeiterschaft formulierte Sozialpolitik abgestützt. Diese Sozialpolitik war jedoch nicht an das reale Wirtschaftswachstum gekoppelt, somit wurden wirtschaftliche Ressourcen maßlos überdehnt (*Vgl. Hübner; Bessel und Jessen 1996: 215*). Zusätzlich zu der defizitären Sozialpolitik lässt sich die Importsubstitutionspolitik ins Feld führen, die durch autarkiepolitische Komponenten des sowjetischen Industrialisierungsmodells Unmengen an Geld verschlingen sollte. So bemerkt Uwe Müller nicht ohne Grund, dass die finanzielle Ausblutung von der DDR-Regierung fast mit fatalistischer Gleichgültigkeit hingenommen wurde, denn bereits 1971 mussten die Deviseneinnahmen fast vollständig für den Schuldendienst aufgebracht werden (*Vgl. Müller 2006: 61*) Folglich konnten Importe überwiegend nur qua westlicher Kredithilfe gekauft werden. Wollte das SED-Regime den Kontakt mit dem Kapitalismus tunlichst vermeiden, so wurde dieser bald notwendig und darüber hinaus vertieft und vervielfältigt (*Vgl. Kopstein 1997: 85*). Die daraus resultierende exorbitante Verschuldung, die seitens der DDR jahrzehntelang verharmlost und heruntergespielt, zum Teil auch durch Bilanzfälschung geschickt verheimlicht worden war, bedrohte die Souveränität des Staates und forderte schließlich deren Preisgabe mit den Ereignissen vom 9. November 1989. Wenn Ulrich Busch auch behauptet, dass die DDR bis zur Währungsunion die ökonomische Existenz wahren und die Versorgung der Bevölkerung stabil halten konnte (*Vgl. Busch; Bahrmann und Links 2005: 77*), so muss doch mit Uwe Müller gesagt werden, dass die Konsequenz der unmittelbar bevorstehenden Zahlungsunfähigkeit bei Nichteingliederung in die bundesdeutsche Wirtschaft wahrscheinlich ein Moratorium zugunsten des Internationalen Währungsfonds (IWF) gewesen wäre. Die damit einhergegangen Forderungen des IWF auf den Verzicht des Staates hinsichtlich des Eingriffs in die Wirtschaft, nach der Reprivatisierung von Unternehmen und der Einschränkung der Subventionen hätten somit eine Selbstaufgabe der DDR bedeutet (*Vgl. Müller 2006: 68*).

Das Stoppen der Verschuldung der DDR hätte 1990 eine Senkung des Lebensstandards um 23 bis 30 Prozent erfordert (*Vgl. Haendcke-Hoppe-Arndt 1995: 120*). Es erscheint diesbezüglich schlichtweg unrealistisch, dass die Bevölkerung der DDR diesen massiven Einschnitt bei dem ohnehin vergleichsweise niedrigen Lebensstandard und die damit zusammenhängende Perspektivlosigkeit goutiert hätte. Vielmehr hätten sich im Zuge der zum Teil auch bewusst via Medien konstruierten westdeutschen Verführung weitere Ostdeutsche auf den Weg in den viel versprechenden Westen gemacht und damit nicht nur die DDR weiter destabilisiert, denn auch die BRD wäre wohl kurz- bis mittelfristig an die Grenzen der Aufnahme- und eo ipso auch Integrationsfähigkeit ostdeutscher Flüchtlinge gestoßen. Die Initiativen Kohl erscheinen vor diesem Hintergrund logischer denn je, auch wenn der Vereinigungsprozess als moderner Ablasshandel von Uwe Müller charakterisiert wird (*Vgl. Müller 2006: 247f.*).

Die Suche nach der inneren Einheit

Die Vereinigung Deutschlands sollte die damit verbundenen Erwartungen und Hoffnungen nicht erfüllen können. Die Begeisterung konnte nicht konserviert werden. Die Wahrnehmungen konnten differenter nicht sein. Betrachteten die Westdeutschen die Ostdeutschen als undankbar und phlegmatisch und sich selbst als Zahlmeister der Einheit, sahen die Ostdeutschen sich von den arroganten und selbstgerechten Westdeutschen im Kolonialstil erobert (*Vgl. Brie; Bahrmann und Links 2005: 211f.*). So äußerte der damalige Bundesinnenminister Wolfgang Schäuble (CDU): „*Es handelt sich um einen Beitritt der DDR zur Bundesrepublik, nicht um die umgekehrte Veranstaltung. Wir haben ein gutes Grundgesetz, das sich bewährt hat. [...] Wir sollten nicht kaltschnäuzig über Eure Wünsche hinweggehen. Aber hier findet nicht die Vereinigung zweier gleicher Staaten statt*" (*Mählert 2004: 179f.*). Es war jedoch gerade der Anspruch des *Homo sowjeticus* im Zuge der 40-jährigen Sozialisation, Gerechtigkeit im Vereinigungsprozess als Verteilungsaufgabe aufzufassen und nicht wie die Westdeutschen als Chancengerechtigkeit und Chancengleichheit. Auch wurden der individuelle Wohlstand und die materiellen Bedingungen stets mit Westdeutschland verglichen und nicht mit den Standards der DDR (*Vgl. Schroeder 2006: 527-537*).

Es darf auch nicht vergessen werden, dass die gemeinsame politische Kultur als kollektive Eigenschaft der transnationalen Einheiten BRD und DDR nicht qua Einheit geschaffen werden konnte, da diese stets ein Produkt der kollektiven Geschichte des jeweiligen politischen Systems und der Lebensgeschichte der Mitglieder des Systems ist (*Vgl. Kaase; Kaase und Klingemann 1983: 148f.*), ergo ein unbewusstes *design for political living* (*Vgl. Rohe und Dörner 1990: 24*). Da die innere Einheit folglich nur im Rahmen einer kulturellen Homogenität vollzogen werden kann, liegt es an den Institutionen, diese zu vermitteln und die Bürger im Sinne einer reibungslosen Funktionsweise in der gemeinsamen Ordnung zu disziplinieren (*Vgl. Dörner; Münkler 2003: 616*). Es ist jedoch erstaunlich, dass auch nach fast 20-jähriger Einheit von keiner inneren Einheit gesprochen werden kann, obwohl mit der vollzogenen institutionellen Einheit von 1990 die Voraussetzungen dafür geschaffen worden sind. Grund dafür könnte die stärkere Output-Orientierung der Ostdeutschen an den Staat als Produzent öffentlicher Güter als konstitutives Element politisch-kultureller Akzeptanz sein.

Politische Kultur als Ergebnis politischer Sozialisation

Die politische Kultur Deutschlands stellt bis dato ein Konfliktfeld dar, es kann somit nicht von einer homogenen Einheit gesprochen werden. Fritz Schenk bemerkt nicht ohne Grund, dass die 40-jährige marxistisch-leninistische Indoktrination für die Überwindung der Teilungsschäden ein weitaus größeres Hindernis darstellt als die materiellen Verwüstungen des real existierenden Sozialismus (*Vgl. Schenk; Helwig 1995: 113*). Die damit einhergegangene Vormundschaft des Staates als sozial abgefederte Verwaltung des Mangels kann als Grund angeführt werden, weshalb die hohe Erwartungshaltung der Ostdeutschen nach der Vereinigung Deutschlands im Zuge des Ausbleibens einer sozialen Verteilungsgerechtigkeit – beispielsweise von Einkommen – rasch in Enttäuschung umschlug. Weiterhin lässt sich die Formalitäts- und Informalitätsspanne nach Norbert Elias als Modernisierungsblockade Ostdeutschlands ausmachen. Während die Gesellschaften Westeuropas und der USA durch hohe Informalisierungsprozesse geprägt waren, zeichnete sich die DDR-Gesellschaft durch einen hohen Formalisierungsgrad aus (*Vgl. Alheit 2005: 39f.*).

Die etatistische politische Kultur Ostdeutschlands ist zwar durchaus mit demokratischen Orientierungen vereinbar, diese steht der westdeutschen Partizipationskultur jedoch diametral entgegen. Die politische Kulturgeschichte Westdeutschlands ist durch zwei grundlegende Prozesse gekennzeichnet. Zum einen fand eine sukzessive Transformation der überkommenen Staatskultur statt, die aus dem preußischen Obrigkeits- und Machtstaat resultierte, nichtsdestotrotz aber Kultur-, Rechts- und Sozialstaatstraditionen pflegte. Zum anderen vollzog sich ein allmählicher Aufbau einer tragfähigen Gesellschaftskultur, die über die Eliteebene hinaus die Bürgerebene erfassen sollte. Das Grundgesetz wurde somit zunehmend als politische Lebensweise verstanden und zum Inbegriff eines guten Gemeinwesens gemacht (*Vgl. Rohe und Dörner 1990: 28f.*).

In der DDR war die Sozialisation dagegen von einer kollektiven und autoritären Form der Erziehung und des Umgangs geprägt. Die Bürger wurden somit zum Teil infantilisiert. Im Zuge der Verwahrlosung öffentlicher Umgangsformen hinsichtlich der „Kommandopädagogik" der SED konnten sich auch keine zivilgesellschaftlichen Elemente herausbilden. Unauffälliges Verweigern anerkannte und zementierte folglich Bestehendes. Erst im Zuge des Generationswechsels in den 1980er Jahren sollte die sozialistische Untertanenproduktion auf einen systemdestabilisierenden Widerstand stoßen (*Vgl. Schroeder 2006: 385f.*). Auch wenn Dieter Segert behauptet, dass die DDR keineswegs nur eine „sowjetische Satrapie" mit einem Bürgerrechts-Don Quichotte hie und da war (*Hofmann 2008: 20. November*), kann mit Klaus Schroeder argumentiert werden, dass nichtsdestotrotz gesamtgesellschaftlich gesehen der *Homo sowjeticus* geboren wurde, der die DDR schließlich überleben sollte. Dieser zeichnete sich neben der passiv-fordernden Erwartungshaltung gegenüber dem Staat und dem Gleichheitsstreben nach basaler Bedürfnisbefriedigung auch durch Opportunismus und Uniformität aus (*Vgl. Schroeder 2006: 407*). Wie Fritz Stern richtig anmerkt, mündete die der politischen Sozialisation der Ostdeutschen geschuldete hohe Erwartungshaltung an das bundesrepublikanische System in Ostalgie, einer Nostalgie nach der eng zusammengewachsenen, vertrauten, schäbigen DDR, ergo nach den typischen Symbolen des Netzes sozialer Sicherheit (*Vgl. Stern 2007: 607*).

Blühende Landschaften – eine Vision wird zur Illusion

Konrad Adenauer gab 1955 eine realistische Einschätzung zu den wirtschaftlichen Folgen einer Vereinigung Deutschlands: *„Nach seinen Informationen seien die Landwirtschaft und Industrie in sehr schlechtem Zustand, [...]. Die Arbeit nach der Wiedervereinigung in diesem Gebiete komme einer neuen Kolonisation gleich. Dadurch werde die wirtschaftliche Stärke der Bundesrepublik auf Jahre hinaus absorbiert"* (*Abelshauser 2004: 406*). Wie im Verlauf dieser Arbeit bereits erwähnt, vollzog sich die Vereinigung Deutschlands ausschließlich nach politischen Erwägungen, ökonomische Aspekte spielten somit eine geringe Rolle. Die Erwartungshaltungen der westdeutschen Politiker waren geprägt von der Überzeugung, dass das bewährte System der BRD die finanziellen und wirtschaftlichen Aspekte der Vereinigung Deutschlands reibungslos auffangen werde. So prognostizierten diese neben einem selbsttragenden Wirtschaftsaufschwung auch ein wachsendes Zufriedenheitspotential sowie ein rasch zunehmendes Systemvertrauen. Darüber hinaus sollte die im Zuge der Anpassung und Angleichung der Einstellungen und Wertorientierungen neue gesamtdeutsche BRD die vergrößerte alte sein (*Vgl. Reißig; Bahrmann und Links 2005: 296*). Es nimmt also nicht wunder, wenn Kohl die Worte Adenauers nicht allzu ernst nahm und die Unterentwicklung der produktiven Kräfte außer Acht ließ. Hier wird jedoch eine Grundproblematik sichtbar, denn die marktwirtschaftlichen Kräfte mussten nicht nur entfesselt, sondern vielmehr neu entwickelt werden. Auf dem Gebiet der untergegangenen DDR gab es kaum konkurrenzfähige Unternehmen. Der industrielle Strukturwandel und schmerzhafte Anpassungsprozess an die relativ offenen Marktbedingungen vollzog sich in der westlichen Welt bereits seit den 1960er Jahren. Im Zuge des Systemkollapses der DDR erhielt dieser Strukturwandel nun auch Einzug in Ostdeutschland. Die angespannte Situation der ostdeutschen Unternehmen wurde jedoch zusätzlich durch die unangemessenen Lohnerhöhungen der nach Mitgliedern haschenden westdeutschen Gewerkschaften im Zuge der Währungsunion verschärft. Die Folge waren eine überproportionale Deindustrialisierung und eine rasch wachsende Erwerbslosigkeit. Die Arbeitslosenquote stieg von 2,7 Prozent im Jahre 1990 auf 19,5 Prozent im Jahre 1998 (*Vgl. Winkler 2005: 614f.*). Aus dieser fatalen Einschätzung der Produktivität in der DDR und der dort vorhandenen Struktur der Industrie sowie der Sogwirkung, welche die Währungs- und Wirtschaftsunion auslöste, können die Ursachen des wirtschaftlichen Einbruchs Ostdeutschlands abgeleitet werden.

Rolf Reißig unterscheidet dabei zwischen drei Ebenen des im Zuge der Währungs-, Wirtschafts- und Sozialunion sich vollziehenden Einheitsprojekts: der Systemintegration, der Wirtschafts- und Sozialintegration und der kulturell-mentalen Integration. Im Zuge der Systemintegration wurde die institutionelle Gleichheit angestrebt. Die Adaption westdeutscher Institutionen, Regeln, Normen und Vorschriften ließ in Ostdeutschland zwar wenig Spielraum für Eigenheiten, schuf aber mit der Existenz einer gemeinsamen politisch-administrativen Ordnung, einer gemeinsamen Rechtsordnung und einer gemeinsamen föderalen Struktur und kommunalen Selbstverwaltung den Rahmen für die unerlässliche institutionelle Einheit. Kann die Systemintegration als vollzogen gelten, so muss der wirtschaftliche Konvergenzprozess als gescheitert betrachtet werden. Im Zuge der Entideologisierung der ostdeutschen Öffentlichkeit fand eine zunehmend westdeutsche Elitenrekrutierung und -zusammensetzung auf dem Gebiet der untergegangenen DDR statt. Partizipationsmöglichkeiten wurden somit eingeschränkt und verstärkten den Eindruck einer westdeutschen Kolonialisierung. Ein nachhaltiger wirtschaftlicher Aufschwung konnte aber nicht nur aufgrund der unzureichenden Sozialintegration nicht erfolgen, sondern auch wegen der einzigartigen Leistungsdiskrepanz Ostdeutschlands, die eine strukturelle Abhängigkeit der Volkswirtschaft vom westdeutschen Finanz- und Gütertransfer nach sich zog. Die dritte Ebene der kulturell-mentalen Integration setzt für das tragfähige Gemeinwesen einen Grundbestand gemeinsamer Einstellungen sowie Ziel- und Wertvorstellungen voraus. Das desaströse Scheitern der Treuhand-Gesellschaft kam jedoch erschwerend hinzu, so dass die bestehende Enttäuschung und Resignation sich zunehmend in einen nüchternen Realismus wandeln sollte (*Vgl. Reißig; Bahrmann und Links 2005: 297-305*).

Die ursprüngliche Idee zur Gründung einer Treuhand-Gesellschaft entsprang der Verhinderung einer „Nomenklatura-Privatisierung". Diese war mit der Umwandlung des „Volkseigentums" in Kapitalgesellschaften im Zuge der Transformation von der sozialistischen Planwirtschaft zur Marktwirtschaft betreut. Der Gesetzesauftrag lautete: rasche Privatisierung, entschlossene Sanierung und behutsame Stilllegung. Der größtenteils desolate Zustand der Unternehmen verhinderte jedoch eine positive Privatisierungsbilanz, da die Altschulden und Altlasten der DDR-Betriebe im Rahmen der Privatisierung preismindernd auf Investoren wirkten, weshalb die Treuhand-Gesellschaft am 31. Dezember 1994 deren Arbeit mit einem Gesamtdefizit von 204,4 Milliarden DM einstellte (*Vgl. Schroeder 2006: 253f.*).

Wie oben bereits genannt, konnte die institutionelle Einheit nicht als Katalysator der wirtschaftlichen, sozialen und kulturellen Einheit fungieren, da das bereits obsolete fordistische Wachstums-, Wohlfahrts- und Sozialmodell nicht nur aus Überzeugung, sondern auch aus Zeitdruck auf Ostdeutschland übertragen wurde. Die Probleme des Westens potenzierten sich somit im Osten und bewirkten eine gesellschaftliche und kulturelle Blockade und Schwächung, die sich in der Selbstblockade der Institutionen, dem defizitären Wachstumspfad, der Krise des Wohlfahrtsstaates und der Staatsverschuldung ausdrücken sollte. Die besonderen Konfliktsituationen Ostdeutschlands wie die Deindustrialisierung, strukturelle Arbeitslosigkeit, demographische Entwicklung und die sozialen und regionalen Disparitäten, aber auch der diffizile Übergang von der alten Industrie- und Arbeitergesellschaft zur wissensbasierten Wirtschaft und die schwer zu bewältigenden Anforderungen eines intensiven Wirtschaftswachstums liegen vielmehr in den massiven Strukturbrüchen verankert und benötigen qualitativ neue Herausforderungen (*Vgl. Reißig; Bahrmann und Links 2005: 309-312*).

Ostdeutschland – ein deutsches Mezzogiorno?

In Anlehnung an die strukturellen Defizite Süditaliens (*Mezzogiorno*), das seit den 1950er Jahren durch Transferzahlungen von dem reichen und industriell geprägten Norden finanziell unterstützt wird, wenn auch mit mäßigem Erfolg, wird im Zuge der Vereinigung Deutschlands und der im Verlauf dieser Arbeit bereits angesprochenen daraus resultierenden Probleme des „Aufbaus Ost" oft auf das Beispiel *Mezzogiorno* verwiesen. So wurden für den weitestgehend vollendeten Aufbau seit der Vereinigung Deutschlands zwar vier bis fünf Prozent des gesamtdeutschen Bruttoinlandsprodukts aufgewendet (*Vgl. Müller 2006: 32*), aber die Probleme sind größtenteils geblieben. Peter Alheit gibt für die rationale Ablehnung und mentale Blockierung des globalisierten Kapitalismus und dessen Flexibilität den Grund an, dass die ostdeutsche Modernisierungsblockade weniger Ausdruck eines spezifischen Effekts des Staatssozialismus ist, sondern vielmehr eine Retardierung, die zur gesamtdeutschen Mentalitätsgeschichte gehört. Der Prozess der Zivilisation begann in der DDR wesentlich später und kann somit nur gesamtdeutsch gelöst werden (*Vgl. Alheit 2005: 40*). Hinzu kommen die schwerwiegenden politischen Fehler im Zuge der deutschen Einheit, die nach Horst Siebert zum ostdeutschen *Mezzogiorno* führten. So kritisiert er den Umtauschkurs von 1:1, da dieser die Ost-Mark erheblich aufwertete. Hinzu kam die Übertragung des westdeutschen tariflichen Interessenkartells, das zu massiven Lohnsteigerungen und demzufolge zu höheren Lohnstückkosten führte. Auch die Übertragung des westdeutschen institutionellen Systems führte zu Regulierungen und Blockaden, die einer aufholenden Wirtschaft nicht dienlich sind. Zudem floss ein Großteil der Transfers in den Konsum und nicht in Investitionen (*Vgl. Schroeder 2006: 566*). Uwe Müller sieht Ostdeutschland sogar als „Transitwüste" im Zangengriff vom hochproduktiven Westeuropa und dem aufstrebenden Osteuropa. Im Zuge des Solidarpaktes II von 2001 könnte diese Region dann wirtschaftlich austrocknen, da dieser ab 2005 bis 2020 die stufenweise Reduzierung der finanziellen Hilfen für Ostdeutschland vorsieht, und zudem kein Inflationsausgleich vereinbart wurde. Weniger Transferzahlungen bedeuten demzufolge weniger Investitionen und weniger Konsum. Das daraus resultierende geringe Wachstumspotential hat wiederum erhebliche Auswirkungen auf den Arbeitsmarkt (*Vgl. Müller 2006: 233ff.*). Die Sozialisation in unterschiedlichen Gesellschaftssystemen bewirkte zudem, dass Deutschland den langen Weg nach Westen mit der Vereinigung zwar abschließen konnte; bis dato die Werte einer liberalen westlichen Gesellschaft den Ostdeutschen aber nur unbefriedigend vermittelt werden konnten. Folglich haben die gewaltigen Kosten des Vereinigungsprozesses zwar soziale Probleme gemildert und materielle Angleichungsprozesse beschleunigt, aber gleichzeitig Abhängigkeits- und Unterlegenheitsgefühle bei den Ostdeutschen verstärkt (*Vgl. Schroeder 2006: 614*).

Der Fehler liegt somit im System begründet. Der Solidarpakt ist Teil des Problems. Milliardenbeträge werden ideenlos und fix ohne Prüfung und Kontrolle nach Ostdeutschland transferiert. Zudem müsste der Weg der Neuverschuldung für Ostdeutschland verstellt werden, um diese hinsichtlich der Sparsamkeit im Umgang mit den Fördergeldern zu disziplinieren. Des Weiteren müsste die innerstaatliche Souveränität gefördert werden, da es eine Entlastung im Westen ohne Erfolg im Osten nicht geben kann. Zudem bräuchte der Osten mehr Freiheit statt Gleichheit. Im Rahmen eines Sonderwirtschaftsgebietes könnte der Strukturwandel beschleunigt und die Rückständigkeit behoben werden. Damit einhergehend müssten die Bürokratie durch schlanke Planungs- und Genehmigungsverfahren entschlackt und flexible Bestimmungen beim Arbeitsrecht und Kündigungsschutz eingeführt werden. Auch Steuervorteile im Rahmen der Senkung von Ertragssteuern wie die Einkommens-, Körperschafts- und Gewerbesteuer wären hilfreich, um Investitionsanreize zu geben (*Vgl. Müller 2006: 265-275*). Auch Rolf Reißig sieht in der bedingungslosen Subvention und passiven Sanierung den Grundstein für strukturelle und finanzielle Abhängigkeit. Statt jedoch nur eine gewinnorientierte Angebotspolitik der Wirtschaft als alleinige gesellschaftspolitische Zielgröße, welche die soziale und humane Substanz der ostdeutschen Gesellschaft langfristig untergraben würde, zu fördern, müssten zusätzlich nachhaltige Innovationsstrategien mit sozialer Gestaltungskompetenz initiiert werden, um die Eigenverantwortung und die gesellschaftliche Teilhabe zu stärken. Dies setzt jedoch einen unverzichtbaren Wandel im gesamtdeutschen Kontext voraus, der Reformen der Wirtschaft, der Beschäftigungssysteme, der sozialen Sicherungssysteme und der Bildungsinstitutionen impliziert (*Vgl. Reißig; Bahrmann und Links 2005: 313ff.*).

Resümee

Die Grundproblematik der fehlenden nationalen und politischen intrinsischen Legitimität zog sich wie ein roter Faden durch die DDR-Geschichte, ist die DDR doch als Produkt des Kalten Krieges ein künstlich geschaffener Staat gewesen. Bereits Anfang der 1970er Jahre verlor der antifaschistische Mythos im Zuge der sukzessiven Annäherung an und Anerkennung durch den Westen dessen Bindungskraft. Auch machte sich der erste Generationswechsel bemerkbar, denn die jüngere Generation sollte nicht mehr die Gefolgschaft der Kriegsgeneration aufweisen, die den Staat aufgebaut hatte. Vor diesem Hintergrund muss die von Erich Honecker auf dem VIII. Parteitag der SED 1971 propagierte Einheit von Wirtschafts- und Sozialpolitik eingeordnet werden, denn diese sollte der Partei die Loyalität der Massen sichern. In der Tat bildete dieses Programm die Grundlage für eine sozialistische Wohlstandsgesellschaft, sah dieses doch die Senkung der Mieten, die Verkürzung der Arbeitszeiten, den Ausbau der Krankenfürsorge und der Kinderbetreuung sowie die Verdopplung des Wachstums und der Arbeitsproduktivität vor. Es muss jedoch gesagt werden, dass dieser für den Staatshaushalt defizitäre Wohlfahrtssozialismus einherging mit dem Verlust der kommunistischen Utopie.

In den 1980er Jahren sollte sich die opportunistische Haltung der Bevölkerung der DDR offen zeigen, denn im Zuge der Reformen Gorbatschows erteilte diese dem „Sozialismus in den Farben der DDR" eine Absage und plädierte für eine gewisse Öffnung des Systems nach dem sowjetischen Muster. Da Transformationsprozesse jedoch Umgestaltungen sind, die nicht nur den gesellschaftlichen Bereich, sondern auch die gesamte ökonomische, rechtliche, politische und soziale Ordnung betreffen, nimmt es a posteriori nicht wunder, dass der politische und wirtschaftliche Reformprozess in der Sowjetunion eine destruktive Eigendynamik entwickelt hat. Die Subventionierung anderer sozialistischer Länder war somit nicht mehr möglich. Vor diesem Hintergrund erscheint es fast schon logisch, dass Gorbatschow auf der Tagung des Politischen Ausschusses des Warschauer Paktes in Bukarest im Juli 1989 die Breschnew-Doktrin von der begrenzten Souveränität der sozialistischen Staaten in aller Form aufgehoben hat. Diese Abkehr von dem Aufbringen der materiellen Ordnung in Verbindung mit dem sukzessiven Verzicht an politischer Verantwortung für Osteuropa hatte zur Folge, dass Reformbestrebungen oder Bürgerproteste in den Ostblockstaaten nicht mehr unterdrückt wurden. Gorbatschows Reformpolitik änderte somit indirekt auch die individuellen Anreize für den Protest in der DDR Ende der 1980er

Jahre. Entscheidend zu den politischen Veränderungen in der DDR beigetragen haben zudem die Entwicklungen in Polen und Ungarn, da diese einerseits die Möglichkeiten aufzeigten, in kommunistischen Diktaturen durch Bürgerproteste politische Änderungen zu vollziehen und andererseits diese vollzogenen Änderungen nicht mehr durch das Eingreifen von Truppen des Warschauer Paktes zunichte gemacht wurden.

Stärker jedoch als das Aufkommen der Reformbewegungen als destabilisierendes Moment des SED-Regimes muss die „Exit-Revolution" im Zuge der Ausreisewelle ab Sommer 1989 berücksichtigt werden; denn es führte nicht der siegreiche Kampf um eine neue politische Ordnung zum Ende des Staates der DDR, sondern die massenhafte individuelle Auswanderung, die dessen ökonomische Basis zerstörte. Nach der Öffnung der Mauer in der Nacht vom 9. November 1989 wurde die missliche ökonomische Lage der DDR nun auch für die BRD offensichtlich. Diese erhöhte fortan den Druck, wirtschaftliche Hilfen nur bei eindeutigen Reformen in Richtung Demokratie und Marktwirtschaft leisten zu wollen. Folglich entwickelte sich die friedliche Koexistenz zunehmend zu einer kooperativen, die einherging mit zaghaften Konzessionen seitens der DDR-Regierung. Kohl agierte jedoch zunehmend offensiver. So unverhofft die Chance der Vereinigung Deutschlands mit der Öffnung der Mauer am 9. November 1989 auch kam, es zeigt sich in dem anschließenden Handeln der Verantwortlichen der BRD bis zum 3. Oktober 1990 hinsichtlich der Ausarbeitung eines Zehn-Punkte-Programms, des Angebots einer Währungs-, Wirtschafts- und Sozialunion an die DDR, der deutsch-französischen Initiative zu einer europäischen Politischen Union und der Bereitschaft zu großzügiger Finanz- und Wirtschaftshilfe an die Sowjetunion eine gewisse Kontinuität, so dass behauptet werden kann, dass diese die Vereinigung Deutschlands fest im Visier hatten. Das Zehn-Punkte-Programm sah die Vereinigung Deutschlands als operatives Ziel im Rahmen der europäischen Integration vor. Diese feste Verankerung in einer weiter zu vertiefenden Europäischen Gemeinschaft als Teil der westlichen Staatengemeinschaft, aber auch die allgemein akzeptierte Westbindung der BRD schufen die Basis für das dem Einigungsprozess entgegengebrachte Vertrauen seitens der Alliierten. Erschwert wurde der Einigungsprozess jedoch durch die Komplexität zwei miteinander verschränkter Transformationsprozesse. So musste einerseits die Diktatur zu einem demokratischen Rechtsstaat und die sozialistische Planwirtschaft zu einer sozialen Marktwirtschaft transformiert werden. Der Mythos des Jahres 1948 mit der Währungs- und Wirtschaftsreform als gesellschaftlicher Kitt war jedoch stark genug, um die wirtschaftlichen Entscheidungen im Vorfeld der deutschen Einheit hinsichtlich der Währungs-, Wirtschafts- und Sozialunion politisch zu beeinflussen und die Übertragung der bundesdeutschen Gesellschaftsordnung zu legitimieren. Es gab aber auch auseichende Gründe das Projekt Einheit seitens der BRD zu forcieren. Erstens war ein eventueller Führungswechsel in Moskau, der die Phase der internationalen Entspannung beenden würde, nicht ausgeschlossen; zweitens sprach die schlechte wirtschaftliche Lage der DDR und die damit einhergegangene Kredithilfe der BRD gegen eine Aufrechterhaltung der Zweistaatlichkeit und drittens war die Mehrheit der ostdeutschen Bevölkerung materialistisch gestimmt.

Es kann also nur sehr eingeschränkt von einer überstürzten Einheit gesprochen werden, auch wenn Kohl und seiner Regierung die fatale Einschätzung der Produktivität in der DDR und der dort vorhandenen Struktur der Industrie angelastet werden muss. Die darauf beruhende Währungs- und Wirtschaftsunion sollte eine Sogwirkung entfalten, die sich für die Ursachen des wirtschaftlichen Einbruchs Ostdeutschlands verantwortlich zeichnen sollte. Zudem kam die Einheit schneller als der Zusammenbruch der DDR-Wirtschaft. Dieser Fakt verstärkte erstens den Irrtum im Osten, wonach sich der Westen die DDR-Wirtschaft einverleibt hat und rief zweitens eine Siegermentalität des Westens hervor, die den eigenen Reformbedarf überlagerte.

Die 40-jährige marxistisch-leninistische Indoktrination stellt für die Überwindung der Teilungsschäden jedoch ein weitaus größeres Hindernis dar als die materiellen Verwüstungen des real existierenden Sozialismus. Denn es war gerade der Anspruch des *Homo sowjeticus* im Zuge der 40-jährigen Sozialisation in der DDR, Gerechtigkeit im Vereinigungsprozess als Verteilungsaufgabe aufzufassen und nicht wie die Westdeutschen als Chancengerechtigkeit und Chancengleichheit. Zudem wurden der individuelle Wohlstand und die materiellen Bedingungen stets mit Westdeutschland verglichen und nicht mit den Standards der DDR, was zusätzlicher Resignation Vorschub leisten und im Zuge der rückläufigen Zustimmung die Herausbildung einer gesamtdeutschen politischen Kultur verhindern sollte. Grund dafür könnte die stärkere Output-Orientierung der Ostdeutschen an den Staat als Produzent öffentlicher Güter als konstitutives Element politisch-kultureller Akzeptanz sein. Die ostdeutsche Modernisierungsblockade hinsichtlich der rationalen Ablehnung und mentalen Blockierung des globalisierten Kapitalismus ist darüber hinaus der differenten Auffassung von Freiheit geschuldet. Diese ist jedoch weniger Ausdruck eines spezifischen Effekts des Staatssozialismus, sondern vielmehr einer Retardierung, die zur gesamtdeutschen Mentalitätsgeschichte gehört. Der „Prozess der Zivilisation" und die damit zusammenhängende Herausbildung zivilgesellschaftlicher Elemente begannen in der DDR wesentlich später. Es steht außer Frage, dass die Auflösung dieser Gegensätze zwischen Ost- und Westdeutschland sowie die Diskrepanz zwischen staatlicher und innerer Einheit und die damit einhergehenden qualitativen Herausforderungen nur gesamtdeutsch im Sinne von arbeits-, wirtschafts-, sozial- und bildungspolitischen Reformen angegangen werden können.

Literaturverzeichnis

Monographien

Abelshauser, Werner: Deutsche Wirtschaftsgeschichte seit 1945, München 2004.

Bollinger, Stefan: 1989 – Eine abgebrochene Revolution. Verbaute Wege nicht nur zu einer besseren DDR?, Berlin 1998.

Brzezinski, Zbigniew: Das gescheiterte Experiment. Der Untergang des kommunistischen Systems, Wien 1989.

Fulbrook, Mary: Anatomy of a Dictatorship. Inside the GDR, 1949 - 1989, Oxford 1995.

Geisel, christof: Auf der Suche nach einem dritten Weg. Das politische Selbstverständnis der DDR-Opposition in den achtziger Jahren, Berlin 2005.

Hobsbawm, Eric J.: Age of Extremes. The short Twentieth Century 1914-1991, London 1995.

Ihme-Tuchel, Beate: Die DDR, Darmstadt 2002.

Kopstein, Jeffrey: The Politics of Economic Decline in East Germany, 1945-1989, Chapel Hill und London 1997.

Kusch, Günter et al.: Schlussbilanz – DDR. Fazit einer verfehlten Wirtschafts- und Sozialpolitik, Berlin 1991.

Mählert, Ulrich: Kleine Geschichte der DDR, 4. Aufl., München 2004.

Maier, Charles S.: Dissolution. The Crisis of Communism and the End of East Germany, Princeton 1997.

Malia, Martin: Vollstreckter Wahn. Sowjetunion 1917 - 1991, Berlin 1998.

Müller, Uwe: Supergau deutsche Einheit, Reinbek bei Hamburg 2006.

Neubert, Ehrhart: Geschichte der Opposition in der DDR 1949-1989, 2. Aufl., Bonn 2000.

Olson, Mancur: Aufstieg und Niedergang von Nationen. Ökonomisches Wachstum, Stagflation und soziale Starrheit, 2. Aufl., Tübingen 1991.

Pingel-Schliemann, Sandra: Zersetzen. Strategie einer Diktatur, 3. Aufl., Berlin 2004.

Rochtus, Dirk: Zwischen Realität und Utopie. Das Konzept des „dritten Weges" in der DDR 1989/90, Leipzig 1999.

Schroeder, Klaus: Die veränderte Republik. Deutschland nach der Wiedervereinigung, München 2006.

Steiner, André: Von Plan zu Plan. Eine Wirtschaftsgeschichte der DDR, Bonn 2007.

Stern, Fritz: Fünf Deutschland und ein Leben. Erinnerungen, 8. Aufl., München 2007.

Thaysen, Uwe: Der Runde Tisch. Oder: Wo blieb das Volk? Der Weg der DDR in die Demokratie, Opladen 1990.

Trömmer, Markus: Der verhaltene Gang in die deutsche Einheit. Das Verhältnis zwischen den Oppositionsgruppen und der (SED-)PDS im letzten Jahr der DDR, Frankfurt am Main 2002.

Weidenfeld, Werner et al.: Außenpolitik für die deutsche Einheit. Die Entscheidungsjahre 1989/90, Stuttgart 1998.

Winkler, Heinrich August: Der lange Weg nach Westen II. Deutsche Geschichte 1933-1990, Bonn 2005.

Wolle, Stefan: Die heile Welt der Diktatur. Alltag und Herrschaft in der DDR 1971-1989, 2. Aufl., Bonn 1999.

Wolle, Stefan: Der Traum von der Revolte. Die DDR 1968, Berlin 2008.

Zwahr, Hartmut: Ende einer Selbstzerstörung. Leipzig und die Revolution in der DDR, 2. Aufl., Göttingen 1993.

Sammelbände

Brie, André: Deutsch-deutsche Fremdheiten. Mentale Unterschiede und ihre sozialen Ursachen, in: Bahrmann, Hannes und Links, Christoph (Hrsg.): Am Ziel vorbei. Die deutsche Einheit – Eine Zwischenbilanz, Berlin 2005, S. 208-220.

Busch, Ulrich: Die Währungsunion. Politische Weichenstellung für einen ökonomischen Fehlstart, in: Bahrmann, Hannes und Links, Christoph (Hrsg.): Am Ziel vorbei. Die deutsche Einheit – Eine Zwischenbilanz, Berlin 2005, S. 75-92.

Dörner, Andreas: Politische Kulturforschung, in: Münkler, Herfried (Hrsg.): Politikwissenschaft. Ein Grundkurs, Reinbek bei Hamburg 2003, S. 587-619.

Glaeßner, Gert-Joachim: Der Weg in die Krise und das Ende des „realen Sozialismus", in: Glaeßner, Gert-Joachim (Hrsg.): Eine deutsche Revolution. Der Umbruch in der DDR, seine Ursachen und Folgen, Frankfurt/Main 1991, S. 16-42.

Glaeßner, Gert-Joachim: Einheit oder Zwietracht? Bundesrepublik – DDR – deutsche Perspektiven, in: Reißig, Rolf und Glaeßner, Gert-Joachim (Hrsg.): Das Ende eines Experiments. Umbruch in der DDR und deutsche Einheit, Berlin 1991, S. 119-147.

Haendcke-Hoppe-Arndt, Maria: Wer wusste was? Der ökonomische Niedergang der DDR, in: Helwig, Gisela (Hrsg.): Rückblicke auf die DDR, Köln 1995, S. 120-131.

Hertle, Hans-Hermann: Die Diskussion der ökonomischen Krisen in der Führungsspitze der SED, in: Pirker, Theo et al. (Hrsg.): Der Plan als Befehl und Fiktion. Wirtschaftsführung in der DDR. Gespräche und Analysen, Opladen 1995, S. 309-345.

Hübner, Peter: Arbeiterklasse als Inszenierung? Arbeiter und Gesellschaftspolitik in der SBZ/DDR, in: Bessel, Richard und Jessen, Ralph (Hrsg.): Die Grenzen der Diktatur. Staat und Gesellschaft in der DDR, Göttingen 1996, S. 199-223.

Jessen, Ralph: Partei, Staat und »Bündnispartner«: Die Herrschaftsmechanismen der SED-Diktatur, in: Judt, Matthias (Hrsg.): DDR-Geschichte in Dokumenten, Bonn 1998, S. 27-86.

Kaase, Max: Sinn oder Unsinn des Konzepts Politische Kultur für die vergleichende Politikforschung, oder auch: Der Versuch, einen Pudding an die Wand zu nageln,? in: Kaase, Max und Klingemann, Hans-Dieter (Hrsg.): Wahlen und politisches System. Analysen aus Anlass der Bundestagswahl 1980, Opladen 1983, S. 144-172.

Maizière de, Lothar: Regierungserklärung des Ministerpräsidenten der DDR, Lothar de Maizière, auf der 3. Tagung der Volkskammer der DDR am 19. April 1990, in: Münch von, Ingo (Hrsg.): Dokumente der Wiedervereinigung Deutschlands, Stuttgart 1991, S. S. 190-213.

Maydell von, Bernd: Soziale und politische Stabilität in Übergangsregimen, in: Nußberger, Angelika und Mommsen, Margareta (Hrsg.): Krise in Russland. Politische und sozialrechtliche Lösungsansätze, Berlin 1999, S. 83- 97.

Oldenburg, Fred: Eine endliche Geschichte. Zum Verhältnis DDR – UdSSR 1970 bis 1990, in: Helwig, Gisela (Hrsg.): Rückblicke auf die DDR, Köln 1995, S. 163-174.

Opp, Karl-Dieter: Wie konnte es zur Revolution in der DDR kommen? Ein Erklärungsansatz, in: Opp, Karl-Dieter und Voß, Peter (Hrsg.): Die volkseigene Revolution, Stuttgart 1993, S. 57-81.

Opp, Karl-Dieter: Die Dynamik der Revolution, in: Opp, Karl-Dieter und Voß, Peter (Hrsg.): Die volkseigene Revolution, Stuttgart 1993, S. 238-277.

Reißig, Rolf: Die DDR und die deutsche Vereinigung, in: Glaeßner, Gert-Joachim (Hrsg.): Eine deutsche Revolution. Der Umbruch in der DDR, seine Ursachen und Folgen, Frankfurt/Main 1991, S. 80-93.

Reißig, Rolf: Anspruch und Realität der deutschen Einheit. Das Transformations- und Vereinigungsmodell und seine Ergebnisse, in: Bahrmann, Hannes und Links, Christoph (Hrsg.): Am Ziel vorbei. Die deutsche Einheit – Eine Zwischenbilanz, Berlin 2005, S. 293-316.

Schenk, Fritz: Die Hypotheken des gescheiterten Sozialismus, in: Löw, Konrad (Hrsg.): Ursachen und Verlauf der deutschen Revolution 1989, Berlin 1991, S. 177-186.

Schenk, Fritz: Sozialismus – ein »Irrtum von Anfang an«, in: Helwig, Gisela (Hrsg.): Rückblicke auf die DDR, Köln 1995, S. 113-119.

Schröder, Richard: Die schnelle staatliche Einheit. Wirtschaftliche und politische Gründe für den eingeschlagenen Weg, in: Bahrmann, Hannes und Links, Christoph (Hrsg.): Am Ziel vorbei. Die deutsche Einheit – Eine Zwischenbilanz, Berlin 2005, S.34-47.

Weinert, Rainer: Wirtschaftsführung unter dem Primat der Parteipolitik, in Pirker, Theo et al. (Hrsg.): Der Plan als Befehl und Fiktion. Wirtschaftsführung in der DDR. Gespräche und Analysen, Opladen 1995, S. 285-308.

Wettig, Gerhard: Die Rolle der UdSSR bei der Vereinigung Deutschlands, in: Löw, Konrad (Hrsg.): Ursachen und Verlauf der deutschen Revolution 1989, Berlin 1991, S. 45-63.

Periodika

Alheit, Peter: Modernisierungsblockaden in Ostdeutschland?, in: Aus Politik und Zeitgeschichte, Nr. 40, 4. Oktober 2005, S. 32-40.

Hofmann, Gunter: Rechtzeitig nein sagen! Dieter Segerts nachdenkliche »andere Geschichte der DDR« zeigt: Es hätte auch Alternativen zur Wende von 1989/90 gegeben, in: Die Zeit, Nr. 48, 20. November 2008.

Rohe, Karl und Dörner, Andreas: Von der Untertanenkultur zur 'Partizipationsrevolution'? Kontinuität und Wandel politischer Kultur in Deutschland, in: Politische Bildung, Nr. 3, 1990, S. 18-33.

Friedliche Revolution und Transformation.
Geteilte Einheit? Ost- und Westdeutsche nach der Wiedervereinigung 1989/90
von Viktoria Dießner (2009)

Einleitung

Als die Mauer am 9. November 1989 nur noch ein Symbol war und ihre Funktion als Grenze verloren hatte, als sich Ost- und Westbürger in den Armen lagen und die neue Freiheit lebten, war kein Platz für die Realität. Die Zukunft hatte auszuharren, bis andere sie ausgruben und das Beste aus ihr machen würden. Doch auch „die Anderen", Politiker beider deutscher Staaten, Europas und Amerikas, hatten keinen Masterplan für diesen Umbruch in der Hand. Dem Tempo, mit dem der Lauf der Geschichte fortschritt, konnte keine lang durchdachte Alternative Schritt halten.

Zunächst einmal blieben die Bedingungen im Rahmen einer Transformation der DDR. Der Sozialismus und die Planwirtschaft schienen durchaus vertretbar, allerdings wünschten sich Bürgerrechtler und Oppositionelle eine Umgestaltung durch das Hinzufügen demokratischer, sowie marktwirtschaftlicher Elemente.[188] Wie dieser Staat konkret aussehen sollte war noch offen, jedoch traf die Idee von einer, zwar erneuerten, aber dennoch getrennten DDR bei den ehemaligen Siegermächten des zweiten Weltkrieges, allen voran Großbritannien unter Margaret Thatcher, auf offene Ohren. Eine Teilung Deutschlands war weiterhin erwünscht, da die Erinnerungen an die Handlungsfähigkeit eines großen, mächtigen Deutschlands inmitten Europas keinen Wunsch nach einer Vereinigung aufkommen ließ. Für den großen Bruder im Osten waren diese Forderungen ebenfalls noch vertretbar, solange die DDR weiter als zweiter, souveräner deutscher Staat bestünde.

Schon bald jedoch änderte sich die Stimmung im Volk, welches nun eine Einheit aller Deutschen nicht mehr für unerreichbar hielt. Die Wochen nach den ersten massenhaften Grenzübertritten im November taten ihr übriges, um eine Vereinigung zu beschleunigen, denn nun wurde den Bürgern der DDR in aller Realität offenbart, was ihnen mangelte. Im Glanz von Konsum und dem Gefühl, ihre Brüder und Schwestern im Westen führten ein privilegiertes, sorgenfreies Leben, wurde die Idee einer Umgestaltung des DDR-Systems zum Paradoxon und diejenigen, die es erhalten wollten zur Minderheit.[189]

---

[188] Ritter, Gerhard A.: Wir sind das Volk! Wir sind ein Volk. Geschichte der deutschen Einigung. München 2009, S. 9.

[189] Vgl. Bender, Peter: Deutschlands Wiederkehr. Eine ungeteilte Nachkriegsgeschichte 1945-1990. Stuttgart 2007, S. 239.

Schon bald mussten Wege in die Einheit gesucht werden, die keinem der Beteiligten Nachteile verschaffen sollten. Als der Fall der Mauer im Jahr 2009 sein 20-jähriges Jubiläum feierte, schien die Freude über dieses Ereignis zwar groß, allerdings wurde auch deutlich, in welchen Kinderschuhen die jugendliche Republik noch steckte. Auch wenn eine geografische Trennung der Deutschen Bevölkerung aufgehoben worden war, konnte die „Mauer in den Köpfen" noch nicht vollständig beseitigt werden und Klischees vom „Jammerossi" und „Besserwessi" prägen immer noch das gegenseitige Verständnis.

Die vorliegende Arbeit geht der Frage nach, ob in den Jahren nach den Ereignissen um den 9. November und den Monaten die danach folgten, eine Annährung von Ost- und Westdeutschland erreicht werden konnte. Dafür sollen zunächst die politischen, wirtschaftlichen und rechtlichen Maßnahmen beleuchtet werden, die zu einer Annäherung führen sollten. In einem zweiten Schritt soll, auf Grund der Erkenntnisse über die Maßnahmen zur Vereinigung, untersucht werden, warum „die Mauer in den Köpfen" bis heute nicht beseitigt werden konnte. Dafür wird die Umsetzung der Ergebnisse aus dem ersten Schritt in der Realität geprüft um anschließend erkennen zu können, ob diese mentale Trennung tatsächlich besteht und wenn ja, welche Probleme beim Prozess der Wiedervereinigung aufgetreten sind.

Angleichung der Lebensbedingungen in Ost und West

Rechtliche Maßnahmen

Noch 1989 unternahm Helmut Kohl erste Überlegungen für die Hilfe der untergehenden DDR durch Sofortmaßnahmen, die in dem berühmt gewordenen „10-Punkte-Plan" zusammengefasst wurden. Dazu gehörten vor allem finanzielle Hilfen, da die DDR-Wirtschaft in ein bodenloses Haushaltsdefizit gestürzt war, welches mit mindestens 15 Milliarden DM Unterstützung durch die BRD aufgehalten werden könne.[190] Das Verhältnis von BRD und DDR änderte sich nun, denn diese Finanzspritze und der Wunsch nach der Übernahme der D-Mark als alleinige Währung in der DDR verlangte eine Gegenleistung. Da Kohl sogar so weit ging, sämtliche Verantwortung für Wirtschaft und Sozialwesen zu über-

---

[190] Görtemaker, Manfred: Die Berliner Republik. Wiedervereinigung und Neuorientierung (= Deutsche Geschichte im 20. Jahrhundert, hrsg. von Manfred Görtemaker, Frank-Lothar Kroll und Sönke Neitzel, Bd. 16), Berlin 2009, S. 36.

nehmen, verlangte er einen gegenseitigen Vertrag, der die Anpassung der DDR an die BRD und deren finanzielle Hilfe schriftlich absicherte[191].

Somit kam der erste deutsch-deutsche Vertrag der Nachwendezeit zustande, über die Schaffung einer Währungs-, Wirtschafts- und Sozialunion, mit dem Ziel, die wirtschaftliche Situation des Ostens zu verbessern, den Menschen eine Perspektive zu bieten und die Einheit voranzutreiben[192].

Ein zweiter Vertrag regelte die Vorbereitung und Durchführung der ersten gesamtdeutschen Wahl zum Deutschen Bundestag und bildete somit die „demokratische Legitimation der deutschen Einheit durch die Wähler"[193]. Inhaltlich wurden das Wahlgebiet, die Ausdehnung der Bundeswahlordnung auf Ostdeutschland, die Nichtzulassung verfassungswidriger Parteien und andere Punkte besprochen[194]. Somit konnten nun auch die Ostdeutschen erstmals seit Jahrzehnten an rechtmäßigen und geprüften demokratischen Wahlen teilnehmen und somit auch über ihre Zukunft entscheiden. Die Durchführung und das Ergebnis der Wahlen findet im Unterpunkt „politische Maßnahmen" noch eine nähere Betrachtung.

Im Vertrag zwischen der Bundesrepublik Deutschland und der Deutschen Demokratischen Republik über die Herstellung der Einheit Deutschlands, kurz dem Einheitsvertrag, wurde die Deutsche Frage endgültig und rechtskräftig geklärt. Im Artikel zwei wurde demnach festgelegt, dass Berlin die Hauptstadt der Bundesrepublik werden sollte. Desweiteren wurde im Artikel drei die Übertragung des Grundgesetzes der alten auf die neuen Länder geregelt. Die weiteren Artikel ordnen die Behandlung des öffentlichen Vermögens einschließlich der Schulden und alle Bereiche des öffentlichen Lebens, wie der Arbeit, dem Sozialwesen, Kultur, Sport, Bildung sowie weitere[195]. Die Bedeutung dieses Vertrages soll später verdeutlicht werden, in jedem Fall lässt sich resümieren, dass mit ihm ein Fundament für gleiche Lebensbedingungen in Ost- und Westdeutschland ge-

---

[191] Ebda.: S. 39.
[192] Gros, Jürgen; Wagner, Peter M.: Verträge zur Deutschen Einheit. In: Weidenfeld, Werner, Korte, Karl-Rudolf (Hrsg.): Handbuch zur deutschen Einheit 1949 – 1989 – 1999. Frankfurt am Main; New York 1999, S. 818.
[193] Ebda.: S. 821.
[194] Ebda.: S. 820.
[195] Stiftung Deutsches Historisches Museum (Hrsg.): Einigungsvertrag. Online im Internet: URL: http://www.hdg.de/lemo/html/dokumente/DieDeutscheEinheit_vertragEinigungsvertrag/index.html (Stand 03.02.2010).

schaffen wurde, aber ebenso nahezu alle Strukturen der ehemaligen DDR unreflektiert abgeschafft wurden, was auch heute noch zu Kontroversen, beispielsweise in der Schulformdiskussion, führt.

Schließlich reichte es nicht nur, eine gemeinsame Lösung zwischen den zwei deutschen Vertragspartnern zu finden, sondern auch die ehemaligen Siegermächte mit einzubeziehen, die eine Wiedervereinigung Deutschlands immer noch mit gemischten Gefühlen aufnahmen. Dadurch ist es auch nicht verwunderlich, dass sich die Gespräche einige Wochen hinzogen aber schließlich im Vertrag über die abschließende Regelung in Bezug auf Deutschland, oder auch dem "Zwei-plus-Vier-Vertrag" mündeten. Inhaltlich regelte der Vertrag zwischen den Mitgliedern folgende Punkte: Zum einen die endgültige Festlegung aller deutschen Grenzen, insbesondere der Grenze zu Polen, den Verzicht von deutscher Seite auf atomare, biologische und chemische Waffen, die Stärke der Bundeswehr und zum anderen die Garantie von alliierter Seite, ihre Streitkräfte abzuziehen, alle Rechte und Verantwortlichkeiten zu beenden, wodurch Deutschland die volle Souveränität wieder erlangte[196].

Wirtschaftliche Maßnahmen

Bereits Anfang der achtziger Jahre stand die Wirtschaft der DDR nach Jahren der Planwirtschaft und Fehlfinanzierung kurz vor dem Zusammenbruch und konnte sich nur durch kurzfristig durchgeführte Maßnahmen, wie der Verstaatlichung letzter mittelständischer Betriebe 1972, den Verkauf politischer Häftlinge, der Anleihe von Krediten aus den westlichen Industriestaaten und sogar dem Verkauf von – vermeintlich für solidarische Zwecke entrichteten – Blutspenden Ostdeutscher Bürger, retten.[197] Der Schuldenberg der DDR war 1982 bis auf 23 Milliarden DM angewachsen[198], was die Versorgung mit Konsumgütern und Gütern des täglichen Bedarfs nur weiter erschwerte.

---

[196] Stiftung Deutsches Historisches Museum (Hrsg.): Zwei-Plus-Vier-Vertrag. Online im Internet: URL: http://www.hdg.de/lemo/html/dokumente/DieDeutscheEinheit_vertragZweiplusVierVertrag/index.html (Stand 03.02.2010).
[197] Vgl. Heydemann, Günther: Die Innenpolitik der DDR (= Enzyklopädie Deutscher Geschichte, hrsg. von Lothar Gall, Bd. 66), München 2003, S. 29f. und Mählert, Ulrich: Kleine Geschichte der DDR. München 2001, S. 138.
[198] Mählert, Ulrich 2001: S. 135.

Nur sieben Jahre später, im Wendejahr 1989 war das Defizit des DDR-Haushaltes letztlich auf 120 Milliarden DM Schulden, sowie weiteren 20 Milliarden Dollar Verschuldung im Ausland, angewachsen[199]. Mit diesen Fakten und der Tatsache, dass die gesamte Wirtschaft der DDR durch fehlende Produktivität und Effizienz am Boden war, mussten sich die Regierenden Westdeutschlands mit der Unterschrift zum oben beschriebenen Staatsvertrag über eine Währungs-, Wirtschafts- und Sozialunion auseinandersetzen. Konkret hieß das zunächst die Umstellung der ostdeutschen Währung auf die D-Mark, wobei das Umtauschverhältnis je nach Betrag und Alter und Nationalität der jeweiligen Person zwischen 1:1, 2:1 und 3:1 variierte.

Weiterhin führten die Bestimmungen über die Wirtschaftsunion zur Übernahme des Westdeutschen Wirtschaftsmodells in der DDR. Dies bedeutete real den Übergang verstaatlichten Eigentums in private Hände und freier Wettbewerb, inklusiver freier Preis-, Produkt-, Mengen-, Verfahrens- und Investitionsgestaltung. Ziel war es, die Produktion der DDR-Betriebe anzukurbeln, sie wettbewerbsfähig zu machen und schlussendlich die Lebensbedingungen zu erhöhen und Arbeitsplätze zu schaffen.

Während der Übergangszeit der Wende wurde 1990 die Treuhandanstalt gegründet, um die Umformung von der Plan- zur Marktwirtschaft regeln zu können. Diese verwaltete große Vermögenssummen und hatte die Aufgabe, die ehemaligen volkseigenen Betriebe teils zu privatisieren und zu sanieren, musste teilweise aber auch Unternehmen aufteilen oder stilllegen, da viele von ihnen der geforderten Quantität und Qualität nicht mehr Stand halten konnten[200].

Um die Kosten für die Vereinigung zu decken wurden verschiedene Maßnahmen zur Finanzierung genutzt, von denen eine dieser Möglichkeiten zum Beispiel bis heute eine Zusatzerhebung bei der Einkommens- und Körperschaftssteuer, auch „Solidaritätszuschlag" genannt, ist.

---

[199] Görtemaker, Manfred 2009: S. 32.
[200] Turek, Jürgen: Treuhandanstalt. In: Weidenfeld, Werner , Korte, Karl-Rudolf (Hrsg.): Handbuch zur deutschen Einheit 1949 – 1989 – 1999. Frankfurt am Main; New York 1999, S. 742f.

Politische Maßnahmen: Gesamtdeutsche Wahlen als demokratische Grundlage der Einheit

Nach dem Zerfall der DDR war die Realisierung der Einheit nicht mehr länger Utopie sondern wurde Wirklichkeit – und mit ihr die Frage nach dem politischen Gesicht eines vereinten Deutschlands.

Wenige Monate zuvor hatten sich innerhalb der DDR verschiedene Oppositions- und Bürgerrechtsgruppierungen gebildet, wie das „Neue Forum", „Demokratie Jetzt" u.a., deren Zukunftsperspektive nicht unbedingt eine Auflösung der DDR, sondern zunächst eine demokratische Umgestaltung vorsah. Der Pluralismus innerhalb der ostdeutschen Parteienlandschaft konnte weiterhin durch Neugründungen, wie der „Grünen Partei" oder durch SED-Abspaltungen ausdifferenziert werden, und auch die SED wagte einen Neuanfang unter dem neuen Namen „Partei des Demokratischen Sozialismus" (PDS) und erneuertem Parteiprogramm.[201] In einem weiteren Schritt entstand eine Annäherung der Parteiensysteme in Ost und West. Ein erstes Wahlbündnis ging die CDU, zusätzlich mit der DA und DSU zur Allianz für Deutschland (AfD), gefolgt von FDP und SPD ein, während andere Parteien, wie die PDS oder die, zum Bündnis 90 zusammengeschlossenen Bürgerbewegungen, ohne Unterstützung gleicher oder ähnlicher Partner aus der Bundesrepublik zunächst zur Volkskammerwahl antraten.[202] Mit dem klaren Sieg der AfD konnten weitere Schritte zu Einheit unternommen werden und der Tag der gesamtdeutschen Wahlen wurde auf den 2. Dezember 1990 festgelegt[203].In den folgenden Monaten, nachdem sich noch einige weitere Veränderungen der Parteien, wie dem Zusammenschluss von den Grünen und Bündnis 90, ergeben hatten, begann der Wahlkampf, dessen großes Thema aller Parteien in diesem Jahr „Einheit" hieß. Für die DDR-Bürger ging mit dieser Wahl im Dezember 1990 die erste demokratische Wahl seit vielen Jahrzehnten vorüber. Dessen Ergebnis war der, nicht sonderlich überraschende, Sieg der Union, womit Helmut Kohl zum Bundeskanzler der beiden deutschen Staaten wurde[204].

---

[201] Eith, Ulrich: Parteien. In: Weidenfeld, Werner , Korte, Karl-Rudolf (Hrsg.): Handbuch zur deutschen Einheit 1949 – 1989 – 1999. Frankfurt am Main; New York 1999, S. 621 ff.
[202] Ebda.: S. 625.
[203] Hönemann, Stefan; Moors, Markus: Wer die Wahl hat... Bundestagswahlkämpfe seit 1957. Muster der politischen Auseinandersetzung. Marburg 1994, S.157.
[204] Ebda.: S. 157.

Vergleich der Sozialstruktur in Ost und West vor und nach 89/90[205]

Die nachfolgenden Erläuterungen untersuchen, ob die Maßnahmen, die zum „Aufbau Ost" und zu einer Angleichung der Lebensverhältnisse von Ost- und Westdeutschland unternommen wurden, auch in der Realität des Alltags zu einem Ergebnis geführt haben. Dabei soll die Makrostruktur der Betrachtung verlassen und die sozialen Begebenheiten nach der Friedlichen Revolution betrachtet werden um zu sehen, ob die oben dargelegten rechtlichen, wirtschaftlichen und politischen Veränderungen einen Niederschlag in der wiedervereinten Bevölkerung fanden. Die Struktur der weiteren Ausführungen richtet sich dabei nach dem Modell Rainer Geißlers, der in seiner Darstellungen über den Wandel der Sozialstruktur für die Homepage[206] der Bundeszentrale für politische Bildung nach den materiellen Lebensbedingungen, der Erwerbs- und Schichtstruktur, der Bevölkerungsstruktur und den Macht-Eliten unterscheidet. Diese Unterscheidung und eine genauere Differenzierung der Schichten findet sich zudem in seiner Monografie[207], in der er die Sozialstruktur detailliert betrachtet und den Begriff definiert.

Materielle Lebensbedingungen

Die ersten Jahrzehnte der Nachkriegszeit in der Bundesrepublik sind allgemein als Jahre des Wohlstands bekannt und in diesem Sinne auch häufig karikiert worden. Tatsächlich glich das Wirtschaftswachstum einer „Explosion", in der „das Volkseinkommen pro Kopf [...] zwischen 1950 und 1989 um mehr als das Vierfache anstieg"[208]. Dies war nicht nur historisch betrachtet eine einmalige Situation, sondern ebenfalls im internationalen Vergleich[209]. Es ist nicht schwer zu schlussfolgern, dass aus dem Wohlstand, der daraus entstand, sehr gute materielle Lebensbedingungen für die Bevölkerung resultierten, was im Rückblick auf die kriegsbedingte Armut eine noch größere Bedeutung erhalten haben muss.

---

[205] Geißler, Rainer: Wandel der Sozialstruktur. Online im Internet. URL: http://www.bpb.de/themen/PS09CD,0,0,Wandel_der_Sozialstruktur.html (Stand: 29.01.2010).
[206] Ebda.: (Stand: 29.01.2010).
[207] Ders.: Die Sozialstruktur Deutschlands. Zur gesellschaftlichen Entwicklung mit einer Bilanz zur Wiedervereinigung. Wiesbaden ^{5}2008.
[208] Geißler, Rainer ^{5}2008: S. 69.
[209] Vgl. Ebda. S. 71.

Aus diesem Blickwinkel gesehen konnte auch die Deutsche Demokratische Republik in den Nachkriegsjahren ein Wirtschaftswachstum verzeichnen, welches aber im Vergleich mit dem der westlichen Hälfte Deutschlands an Bedeutung verliert, so dass der DDR-Bürger im Durchschnitt bis zu 55% weniger verdiente als derjenige aus der Bundesrepublik.[210]

Der Vergleich der Konsumgüter und der Lebensbedingungen von Ost und West kennt zig berühmte Beispiele: Ob die Ausstattung mit PKWs, Telefon- und Fernsehapparaten, Dingen des täglichen Lebens wie Nahrungs- und Genussmitteln oder Kleidung – der Osten lag in nahezu allen diesen Bereich um Jahrzehnte hinter dem Westdeutschen Standard zurück.[211]

Seit dem Zusammenschluss beider Staaten nach 1989 waren die Lebensbedingungen immer der größte Unterschied zwischen den alten und den neuen Bundesländern und konnten auch 20 Jahre nach dem Mauerfall nicht überwunden werden, wenn sich auch eine Annäherung immer mehr abzeichnet und Einzelfälle sicher auch ein gegenteiliges Bild zeigen könnten. Trotzdem zeigt eine Statistik des Statistischen Bundesamt, dass der Durchschnittsbürger im Jahr 2008 etwa 3213 Euro Bruttolohn verdient hat, während der Durchschnittsgehalt in den Neuen Bundesländern im gleichen Jahr 2431 Euro Brutto beträgt, womit der Unterschied seit 1991 geringer geworden ist.[212] Da die Ostbürger besonders in den beginnenden Neunzigerjahren einen Gehaltssprung erlebten, konnte sich die Schere, die zwischen den Lebensbedingungen herrschte, schließen, was sich in den sanierten Innenstädten, an qualitativ hochwertigen PKWs und anderen Konsumgütern niederschlägt und keine Unterschiede im direkten Vergleich mehr aufzeigen dürfte, im Gegenteil, in neuester Zeit melden sich vermehrt Westdeutsche Kommunen, deren Geldmangel einen fortschreitenden Verfall der Städte und öffentlichen Gebäude zur Folge habe.

Auch wenn sich andere Faktoren mittlerweile angleichen oder angeglichen haben ist der größte Unterschied in den Vermögensverhältnissen zu sehen. Durch das Jahre währende Wohlstandswachstum, gelang es den Westbürgern, ein we-

---

[210] Für weitere Zahlen zum Vergleich von Ost und West siehe: Geißler, Rainer ⁵2008: S. 71.
[211] Geißler, Rainer ⁵2008: S. 72.
[212] Statistisches Bundesland Deutschland: Entwicklung der Bruttoverdienste. Durchschnittliche Bruttoverdienste Neue Länder. Online im Internet. URL: http://www.destatis.de/jet speed/portal/cms/Sites/destatis/Internet/DE/Content/Statistiken/VerdiensteArbeitskosten/ Bruttoverdienste/Tabellen/Content50/LangeReiheNL,templateId=renderPrint.psml (Stand: 02.02.2010).

sentlich größeres Vermögen zu erarbeiten als den Ostdeutschen. So hatte erster im Jahr 2003 durchschnittlich 150.000 Euro Privatvermögen im Sinne von Immobilien und Geldvermögen, während zweiter mit 60.000 Euro durchschnittlichen privaten Vermögen weniger als die Hälfte vorweisen konnte[213].

Erwerbs- und Schichtstruktur

Auch wenn der Begriff „Schicht" kontrovers diskutiert und häufig abgelehnt wurde, soll er an dieser Stelle dazu dienen, Menschen „ähnlicher sozialökonomischer Lage zusammenzufassen"[214]. Stark vereinfacht kann man die Bevölkerung in Deutschland in vier größere Gruppen unterteilen, von denen die oberste die „Eliten" sind. Diese werden in der vorliegenden Arbeit gesondert betrachtet, weil sie einige Besonderheiten während der Transformation der DDR aufweisen[215].

Als zweite Schicht gilt der Mittelstand, zu dem u.a. Selbstständige zählen. Während sich westdeutsche Bürger schon vor 1990 als „Mittelstandsgesellschaft" sahen und sich die subjektive Einschätzung seit dem vergrößert hat, sehen sich die Ostdeutschen erst seit der Wende zunehmend als Mittelständler. Zuvor fühlten sie sich vor allem der dritten Schicht, der Arbeiterklasse zugehörig[216], was nicht verwunderlich ist, sah sich die DDR doch als Arbeiter- und Bauernstaat.

Bereist 1999 untersuchte Richard Hauser den Begriff der „Unterschicht" und die Frage, ob man von ihrem Bestehen in Deutschland sprechen kann.[217] Dabei kommt er in Folge der Auswertung verschiedener Statistiken zum Schluss, dass der Anteil von Sozialhilfeempfängern in Deutschland zwischen 1981 und 1996 abgenommen hat und damit unter 1% der Gesamtbevölkerung liegt. Auch wenn dessen Prognosen für die Zukunft nicht sonderlich positiv ausfielen, konnte er deutlich machen, dass unterschiedliche Faktoren, wie die Entwicklung am Ar-

---

[213] Geißler, Rainer [5]2008: S. 72.
[214] Geißler, Rainer [5]2008: S. 94.
[215] Ebda.: S. 99.
[216] Vgl. Ebda.: S. 102.
[217] Hauser, Richard: Tendenzen zur Herausbildung einer Unterklasse? In: Glatzer, Wolfgang; Ostner, Ilona: Deutschland im Wandel. Sozialstrukturelle Analysen. Opladen 1999, S. 133-146.

beitsmarkt und im Sozialwesen die entscheidendsten Rollen für die Zu- oder Abnahme der Daten spielen.[218]

Auffällig ist in jedem Fall, dass auch im neuen Jahrtausend das Selbstverständnis in den „Alten" und „Neuen" Bundesländern voneinander abweicht und sich die Westdeutsche Bevölkerung vor allem der Ober- und Mittelschicht zugehörig fühlt, während die Ostdeutschen zwar stärker zur Mittelschicht tendieren, aber sich immer noch größtenteils zur Arbeiterschicht zählen.

Bevölkerungsstruktur[219]

Statistiken zur Entwicklung der Bevölkerung Deutschlands[220] machen ersichtlich, dass seit dem 19. Jahrhundert ein stetiges Wachstum zu verzeichnen ist, wobei es erst in den letzten Jahren zu gleichbleibenden Zahlen gekommen ist. Im Zuge der deutschen Teilung wurde auch die Bevölkerung getrennt und deren Entwicklung gesondert betrachtet. In diesen Jahrzehnten von 1950 bis 1990 zeichnete sich als Besonderheit eine gegenläufige Bevölkerungsanzahl ab. Während sich die Zahl der westdeutschen Einwohner von knapp unter 51 Millionen auf über 63 Millionen erhöhte, sank die Zahl der Ostdeutschen in der gleichen Zeit von 18 Millionen Einwohnern um knapp 2 Millionen.[221] So kann vom sogenannten „Baby-Boom" in den 60er und 70er Jahren nur in Westdeutschland die Rede sein, da im Osten des Landes auch zu dieser Zeit ein stetiger Rückgang der Bevölkerung zu verzeichnen ist, der zudem durch die hohe Auswanderungszahl vor dem Bau der Berliner Mauer gesteigert wurde. Seit 1990 hat sich dieses gegenläufige Bild nicht geändert, im Gegenteil, in den ersten Jahren nahm die Abwanderung aus den ostdeutschen in die westdeutschen Gebiete dramatisch zu

---

[218] Ebda.: S. 142ff.

[219] Zur demographischen Entwicklung in Ost-/West- und Gesamtdeutschland gibt es neben Statistiken auch ausführliche, aktuelle Literatur, welche sich genauer mit expliziten Ursachen und Folge auseinandersetzt, die den Rahmen der Arbeit jedoch sprengen würden und für ihren Zweck eher unerheblich sind. Siehe u.a.: Cassens, Insa; Luy, Marc; Scholz, Rembrandt (Hrsg.): Die Bevölkerung in Ost- und Westdeutschland. Demografische, gesellschaftliche und wirtschaftliche Entwicklungen seit der Wende. Wiesbaden 2009.

[220] Siehe u.a.: Bundeszentrale für politische Bildung: Bevölkerungsentwicklung. Online im Internet. URL: http://www1.bpb.de/wissen/AE3W2K,0,0,Bev%F6lkerungsentwicklung.html (Stand: 02.02.2010).

[221] Statistisches Bundesamt (Hrsg.): Statistisches Jahrbuch 2009. Für die Bundesrepublik Deutschland. Online im Internet. URL: http://www.bundesregierung.de/Content/DE/Magazine/MagazinInfrastrukturNeueLaender/014/t1-jahresbericht.html (Stand: 10.02.2010).

und setzt sich auch in den letzten Jahren fort, wenn auch etwas weniger, so dass Ostdeutschland innerhalb der letzten 20 Jahre seit der Wende etwa 1,5 Millionen Menschen verlor[222].

Den größten Unterschied in der Bevölkerungsentwicklung beider deutscher Staaten stellt also die Gegenläufigkeit dar, wobei Westdeutschland einen Anstieg, Ostdeutschland hingegen einen Abfall der Einwohnerzahlen zu verzeichnen hat. Diese Tatsache hat sich, wie man anhand der Statistiken gut sehen kann, von der Teilung bis heute nicht wesentlich geändert. Für dieses Phänomen wurden verschiedene Gründe gefunden, von denen sich einer, der der niedrigen ostdeutschen Geburtenrate im Vergleich zur Westdeutschen nach 1990, seit 2007 vereinheitlicht hat. Als weiterer Grund für die rückläufige Einwohnerziffer galt zudem die geringere Lebenserwartung der ostdeutschen Bevölkerung, allerdings hat sich diese mittlerweile ebenfalls, zumindest bei den Frauen, nahezu angeglichen. Eine der wichtigsten Ursachen ist jedoch die hohe Abwanderung, die von Beginn der DDR an stattgefunden hat. Erste enorme Abwanderungswellen gab es noch vor dem Bau der Mauer, diese hielten danach in einem geringeren Umfang bis 1989 an und erlebten dann in den ersten Jahren nach der Wende wiederum einen großen Anstieg. Gründe hierfür sind vor allem im Fehlen der Arbeitsplätze zu suchen, die viele Ostdeutsche zum Wegzug zwangen. Zwar funktionierte der Prozess auch umgekehrt von West nach Ost, allerdings nicht in einem ausgleichenden Umfang, so dass die Folgen heute für den Osten einen Fachkräftemangel, den Verlust vieler junger Menschen und damit eine Überalterung der Bevölkerung[223] bedeuten, was langfristig weiterhin zu einem Rückgang der Einwohner führen muss.

---

[222] Geißler, Rainer ⁵2008: S. 44.
[223] Grünheid, Evelyn: Überblick über die demographische Entwicklung in Ost- und Westdeutschland von 1990 bis 2004. In: Cassens, Insa; Luy, Marc; Scholz, Rembrandt (Hrsg.): Die Bevölkerung in Ost- und Westdeutschland. Demografische, gesellschaftliche und wirtschaftliche Entwicklungen seit der Wende. Wiesbaden 2009, S. 12.

Macht-Eliten

Auch wenn der Begriff „Eliten" eine besondere Konnotation zu haben scheint, meint er neutral die Führungsschichten in verschiedenen gesellschaftlichen Faktoren wie Politik, Wirtschaft, Medien u.a., die demnach in politische und nichtpolitische Eliten unterschieden werden können.[224] Allerdings ist der Begriff in der Forschung nicht unumstritten und es wurde ebenso versucht für diese Schicht andere Termini zu finden.[225]

Vergleicht man die Entwicklung im von den Alliierten besetzten Teil Deutschlands, mit der der sowjetischen Besatzungszone, gibt es Parallelen in der Umstrukturierung der Eliten nach dem Ende des 2. Weltkriegs. Der Unterschied besteht in der Konsequenz, mit der dies stattgefunden hat. Denn während in der BRD schnell erkannt wurde, dass eine Entnazifizierung innerhalb der Führungseliten zwar dringend notwendig ist, aber die radikale Entfernung aller Experten dem Aufschwung im Weg steht, wurden alle Angehörige der Ost-Elite durch KPD- bzw. SED-Mitglieder in allen Sektoren ersetzt. In Westdeutschland trugen die alten, erfahrenen Eliten somit zu einem schnellen Wiederaufbau bei, während in der neu gegründeten DDR die erneuerten Vewaltungs-, Justiz- und Wirtschaftsstrukturen hinderlich wirkten. Ein weiterer Unterschied zeigte sich im Generationswandel, der sich in der BRD wesentlich schneller vollzog als in der DDR, wo das hohe Durchschnittsalter der Eliten bald symptomatisch für die Führungsstrukturen wurde.

Mit der Wende nach 1989 wandelten sich die Eliten der ostdeutschen Gebiete ein zweites Mal nach dem Krieg und es entstand innerhalb kürzester Zeit ein „Elitenvakuum"[226]. Um ehemalige Machtstrukturen zu entfernen, aber auch um die überalterten Ost-Eliten einer Rundum-Erneuerung zu unterziehen, wurden die ehemals durch Ostdeutsche besetzten Positionen in der DDR durch Westdeutsche Eliten ausgewechselt.

Rainer Geißler beschreibt diesen Wechsel treffend als „Transformation einer Monopolelite in pluralistische Eliten nach westlichem Muster"[227]. Diese Tatsa-

---

[224] Vgl.: Bürklin, Wilhelm; Hoffmann-Lange, Ursula: Eliten. In: Weidenfeld, Werner, Korte, Karl-Rudolf (Hrsg.): Handbuch zur deutschen Einheit 1949 – 1989 – 1999. Frankfurt am Main; New York 1999, S. 317.
[225] Eine umfassende Erläuterung der Problematik findet sich bei: Geißler, Rainer ^{5}2008: S. 121.
[226] Geißler, Rainer ^{5}2008: S. 324.
[227] Ebda.: S. 134.

che, dass Westdeutsche nahezu alle Machtpositionen erhielten und die Elitenstruktur nach dem westlichen Vorbild umgeformt wurde, wirkte sich, wie später noch gezeigt wird, auf das Selbstbewusstsein der ehemaligen DDR-Bürger aus. Als logische Konsequenz und Zukunftsperspektive daraus ergab und ergibt sich eine Unterrepräsentation von Ostdeutschen in den Eliten und auch deren unteren Ebenen, aus denen wiederum der, größtenteils westdeutsche, Nachwuchs herangezogen wird. Allein eine relativ starke Präsenz im Sektor Politik kann die Überrepräsentation der Westdeutschen annähernd ausgleichen[228] Die Besetzung höchster Ämter der Bundesrepublik in den letzten Jahren, wie die Wahl der Ostdeutschen Angela Merkel zur Bundeskanzlerin, kann in diesem Kontext als Besonderheit und als Zeichen einer zunehmenden Angleichung angesehen werden und sorgte für eine Steigerung des ostdeutschen Selbstwertgefühls.

Probleme warum?

„Überstülpen" der bundesdeutschen Verhältnisse: Ost wird in West eingegliedert

Erich Röper brachte das Problem der Wiedervereinigung mit Hilfe einer kurzen Wortgruppe zum Ausdruck: „Beitritt statt Wiedervereinigung"[229]

Im Sinne der Bevölkerung vor allem in Ostdeutschland, aber auch der Politik, wurde die Vereinigung beider deutscher Staaten innerhalb weniger Monate vollzogen, wobei die Hoffnungen auf eine positive Zukunft alle Skepsis und Vorsicht überdeckten. Zwar war es im Bewusstsein, dass die wirtschaftliche, politische und auch mentale Einheit nicht von heute auf morgen zu erreichen sein würde, jedoch war die vermutete Zeitspanne erheblich kürzer angedacht. Obwohl noch im Jahr 1989 und teilweise auch 1990 viele lediglich die Umformung der DDR forderten und ein Zusammenrücken der beiden deutschen Staaten nicht andachten, beschleunigten die Massenauswanderungen in Richtung Westen die Geschehnisse und die Denkmuster. Nun stellte sich nicht mehr die Frage, wie ein anderes DDR-System konkret aussehen könnte, sondern wie es schnellst möglichst mit geringen Verlusten der Bundesrepublik zugehörig und dessen Lebensstandard gleich gestellt werden könne.

---

[228] Vgl. Ebda.: S. 329.
[229] Geißler, Rainer ^{5}2008: S. 19.

Um dies zu erreichen wurden eben jene Maßnahmen durchgeführt, die in den vorangegangenen Kapiteln dargelegt wurden. Diese jedoch führten eben nicht sofort zu einer Erholung der Wirtschaft, einer Veränderung im politischen Bewusstsein und in eine generelle Angleichung der Verhältnisse, sondern, wie im nächsten Kapitel ausführlich dargelegt wird, zu Arbeitslosigkeit, Politikverdrossenheit und einer trennenden Kluft der Bevölkerung der alten und neuen Bundesländer.

Vergessen wurde dabei jedoch, dass die Werte- und Moralvorstellung weit auseinander gingen und nicht durch Verträge oder Finanzhilfen verändert werden konnten. Die neuen Eliten, die aus Westdeutschland kamen und auch im Osten die Spitzenpositionen besetzten, handelten im Bewusstsein, dass das, was bei ihnen über Jahrzehnte funktioniert hatte, auch im Osten Erfolg versprechen musste[230]. Dass deren Führungs- jedoch nicht mit dem Arbeitsstil ihrer Arbeitnehmer übereinstimmte und „Produktivität" vielerorts schon lange verlernt war, legte beiden Seiten in der ersten Zeit Steine in den Weg, in deren Folge viele Unternehmen scheiterten.

Diese Anpassungsprobleme mussten sich in nahezu allen Generationen einstellen, da selbst Schulkinder mit einem plötzlichen Wandel des Bildungssystems und dem Verlust ihrer Leitbilder und Moralvorstellungen eine Veränderung in ihrer Lebenswelt erlebten.

Einige Wissenschaftler sprechen in diesem Zug sogar von dem Gefühl der Kolonialisierung, das sich durch dieses „Überstülpen" der westdeutschen Lebensverhältnisse auf Ostdeutschland entwickelt hat[231]. Begründet wird dieser Ausdruck mit dem Erfahren einer Ent- und Abwertung der ostdeutschen Kultur, wodurch ein negatives, zweitklassiges Gefühl entstanden ist. Vor dem Hintergrund, dass West- und Ostdeutschland keine Gelegenheit und Zeit hatten, sich anzugleichen, sondern dass der Osten lediglich so schnell wie möglich in die Bundesrepublik mit all ihren jahrzehntelangen geprägten Einstellungen, Vorstellungen und Lebensweisen eingegliedert wurde, wird dieses Gefühl begreifbar.

---

[230] Vgl.: Bender, Peter 2007: S. 271.
[231] Stawenow, Christoph: Warum ist Deutschland noch nicht zusammengewachsen? Zur Entstehung einer politischen Teilkultur in den neuen Bundesländern. In: Deutschland Archiv, 5/2009, Heidelberg 2009, S. 783.

Einbruch der Wirtschaft: Arbeitslosigkeit, Finanzierungsprobleme

Die Bundesregierung konnte 2009 vermelden, dass die Arbeitslosenquote ihren niedrigsten Stand seit 1991 erreicht hatte[232]. Trotzdem ist es noch nicht gelungen, die Arbeitslosenzahlen in Ostdeutschland auf das gleiche Niveau wie in Westdeutschland zu senken. Da mit dem Fall der Mauer nicht nur die Schleusen für die DDR Bürger in Richtung Westen geöffnet waren, sondern auch für eine neue Wettbewerbslandschaft, kollabierte die ostdeutsche Wirtschaft. Plötzlich mussten ostdeutsche Unternehmen mit westdeutschen und auch internationalen um Kunden werben, wofür eine Umstellung nötig war, die in so kurzer Zeit kaum machbar war, zumal unter dem Gesichtspunkt, dass die Konkurrenz mit besser Qualität, Produktivität und marktstrategischen Überlegungen aufwarten konnte[233]. Ein weiterer Rückschlag für traditionelle Firmen im Osten war zudem die Überschwemmung der Läden mit Westprodukten[234], deren Beliebtheit besonders vor dem Hintergrund des jahrzehntelangen Mangels verständlich wird. Dass all diese Veränderungen jedoch den Niedergang vieler ostdeutscher Betriebe, die nicht sowieso schon von der Treuhand stillgelegt wurden, beschleunigten, führte schon bald zu Massenentlassungen und Firmenschließungen.

Eine weitere Veränderung im Bezug auf die Arbeitswelt war die völlige Veränderung des Arbeitsverhältnisses. Da der Arbeiter in der DDR einen hohen Status hatte und dem Gemeinwohl nützte, verursachte die hohe Arbeitslosigkeit häufig das Gefühl des „Nicht-Gebraucht-Werdens" und entzog vielen Menschen ihre gesamte Existenzgrundlage[235]. Hinzu kam, dass diejenigen, die ihre Arbeit behalten hatten, häufig Probleme hatten ihre alten Abschlüsse als gleichwertig anerkennen zu lassen. Alle Ausbildungen, die im vereinigten Deutschland begannen, wurden den westlichen Abläufen, Inhalten und Zielen abgepasst[236].

---

[232] Statistisches Bundesamt (Hrsg.): Statistisches Jahrbuch 2009. Für die Bundesrepublik Deutschland. Online im Internet. URL: http://www.bundesregierung.de/Content/DE/Magazine/MagazinInfrastrukturNeueLaender/014/t1-jahresbericht.html (Stand: 10.02.2010)
[233] Priewe, Jan: Wirtschaftswunder – Deindustralisierung – Rückschlag für Westdeutschland? Zur politischen Ökonomie der deutschen Vereinigung. In: Muszynski, Bernhard: Deutsche Vereinigung. Probleme der Integration und der Identifikation. Opladen 1991, S. 116.
[234] Vgl. Bender, Peter 2008: S. 270.
[235] Stawenow, Christoph 2009: S. 784.
[236] Röper, Erich: "Die minderen Brüder und Schwestern". In: Aus Politik und Zeitgeschichte (Beilage zur Wochenzeitung Das Parlament), 40/2005, S. 22.

Klischees trennen Ost- und Westdeutsche

Der Jubel über den Fall der Mauer, die Freude Angesichts der Aussicht auf „blühende Landschaften" und die Hoffnung auf einen besseren Lebensstandart prägten die Monate in den Jahren 1989 und 1990 und führten zu einer Beschleunigung der Geschehnisse. Dass der Osten das Erfolgsbeispiel Westdeutschland nur nachahmen müsse, um in kürzester Zeit ein anderes Land zu werden, war übereilter und unrealistischer als viele Menschen dachten und somit verschwanden die Hoffnungen schnell zwischen Sorgen über Arbeitslosigkeit und dem Minderwertigkeitsgefühl angesichts selbstbewusster westdeutscher Lebensführung. Bereits wenige Jahre nach dem Zusammenbruch der DDR wünschten sich viele – in Ost und West – die Mauer zurück, 20 Jahre später bestätigte dies laut Forsa-Umfrage immerhin jeder fünfte Bürger. Diese Meinungsänderung, bedingt durch die oben dargelegten Aspekte, führen auch bis heute noch zur Verhärtung von Klischees und Vorurteilen.

Günter Grass formulierte in einem Interview auf der Online-Plattform der Zeitschrift „Die Zeit" seine Sicht zum Stand der Einheit: „Die Einigung hat bis heute nicht stattgefunden, die Einheit ist vollzogen, steht aber nur auf dem Papier."[237] Damit bestätigte er seine Prognose von 1990, dass die Deutschen sich durch die schnell vollzogene Einheit weiter entfremden würden.[238]

Im Vorfeld der Bundestagswahl 2005 zeigte sich, dass diese Entfremdung voneinander selbst bei Politikern keine Grenzen kennt, als der bayrische Ministerpräsident Edmund Stoiber unbedacht die Entscheidungsgewalt der „Frustrierten im Osten" kritisierte. Der ehemalige Bürgermeister Berlins Eberhard Diepgen ging bereits 1988 soweit den Abbau der „Überheblichkeiten gegenüber den Deutschen in der DDR" zu fordern.[239] Dass ähnliche Bilder auch umgekehrt bestehen, zeigen nicht nur Umfragen und Statistiken, sondern die Entstehung einer Sonderidentität der Ostdeutschen, die vom Gefühl der Zweitklassigkeit, dessen Ursprung bereits im vorherigen Kapitel beschrieben wurde, gegenüber den westdeutschen Mitbürgern genährt wird.

Ausdruck findet dieses gesonderte Lebensgefühl im Begriff „Ostalgie", einer Kontraktion aus den Worten „Osten" und „Nostalgie", der die Rückbesinnung

---

[237] Die Zeit: Günter Grass hadert mit der deutschen Einheit. Online im Internet. URL: http://www.zeit.de/online/2009/04/grass-vorab (Stand: 09.02.2010).
[238] Grass, Günter: Einige Ausblicke vom Platz der Angeschmierten. In: Die Zeit. 11.05.1990.
[239] Zitiert in: Röper, Erich 2005: S. 25.

auf DDR-Zeiten und vor allem die positive Verklärung der Verhältnisse im alten System beschreibt. Dies äußert sich zum einen in Statistiken, in denen viele der ehemaligen DDR-Bürger positive Erinnerungen an die DDR-Gesellschaft zum Ausdruck bringen, die letztlich aber immer auch verschiedene Interpretationen zulassen. Zum anderen zeigt sie sich aber auch für alle sichtbar in Filmen, Literatur, Kunst und dem Alltagsleben. Besonders innerhalb des letzten Jahrzehnts fand die verklärte und teils ironische Aufarbeitung des DDR-Alltags in Kinofilmen, angefangen mit dem Film „Sonnenallee" über „Good Bye Lenin" bis hin zum neuesten Ost-Hit „Friendship!", vermehrt Absatz. Alle genannten bedienen sich ebenso Klischees wie großangelegte Karneval-Veranstaltung oder ähnliche Feste, die sich die beliebtesten Bilder der DDR auf die Fahne geschrieben haben und mit Ost-Produkten oder solchen, die es eben nicht im Osten gab, ebenso wie mit Symbolen, Kleidung und weiterem werben und damit aber vor allem einen Markt bedienen. Der DDR-Kult geht soweit, dass sich in den letzten Jahren Gruppen gebildet haben, die gegen diesen ankämpfen, wie beispielsweise die Online-Kampagne der Junge-Union Landesverbände mit dem Aufruf und gleichnamigen Titel „Ostalgie – Nein Danke!"[240], die damit gegen das Vergessen der Menschenrechtsverletzungen, Repressalien und Verbrechen, wie hunderte Mauertote, des DDR-Regimes ankämpfen.

Die Ost-Identität die sich aus der Verklärung und Positivierung der tatsächlichen ehemaligen Verhältnisse ergibt, nährt die Vorurteile auf beiden Seiten. Dem westdeutschen Bürger auf der einen Seite liefern sie Anlass zur Belustigung, da eine vermeintlich realitätsgetreue Abbildung aller DDR-Bürger entsteht, die sich von der Lebenswelt des westlichen Deutschlands extrem abgrenzt. Dem ehemaligen DDR-Bürger wiederum vermitteln sie Heimatgefühle und das Bedürfnis der eigenen Geschichte mit ihren überlieferten Zeugnissen eine besondere Bedeutung beizumessen, die sie in der Realität nicht erhalten wird.

---

[240] Landesverbände der Jungen Union: Online im Internet. URL: http://www.ostalgie-nein-danke.de, (Stand: 09.02.2010).

Fazit

„Was war das für 'ne Einigkeit, als wir geteilt noch waren"[241]

Ironisch zeigt diese Feststellung das, was bis heute noch Konsens aller Beiträge zum Thema „Innere Einheit" zu sein scheint.

Und tatsächlich zeigte sich, wie in der Hausarbeit deutlich geworden ist, dass zwar eine Einigung mit politischen, rechtlichen und wirtschaftlichen Maßnahmen angestrengt wurde, diese jedoch keinen Einfluss auf die Mentalität der Menschen hatte. Zwar konnte die geografische Trennung beseitigt werden, aber die Unterschiede zwischen den Menschen waren auch Jahre nach dem Mauerfall noch deutlich.

Wie sich gezeigt hat, ist die Entwicklung beider deutscher Staaten unterschiedlich verlaufen. Während die Bundesrepublik innerhalb vieler Jahre ein beständiges, bewährtes System errichten konnte, war die DDR aufgefordert, nach 1990 vom Punkt Null an innerhalb weniger Monate und Jahre alle Verhältnisse im Bezug auf das Leben, Denken und Arbeiten umzustellen und aufzuholen. Die Maßnahmen die dafür ergriffen wurden waren notwendig und richtig, verstärkten jedoch bei den Westdeutschen das Gefühl genug Hilfe, vor allem im finanziellen Bereich, geleistet zu haben. Innerhalb der ostdeutschen Bevölkerung mehrte sich hingegen der Eindruck, nur zweitklassig zu sein, zu wenig Unterstützung und nur geringe Anerkennung für die Verdienste beim Thema Einheit zu bekommen. Genährt wurde die Unzufriedenheit trotz wirtschaftlicher Hilfen durch die hohe Arbeitslosigkeit, denen sich die ehemalige Arbeitergesellschaft ausgesetzt sah.

Wie die entsprechenden Kapitel der Arbeit gezeigt haben, lassen sich die negativen Folgen des raschen Beitritts in vielen Lebensbereichen aufzeigen: Nicht nur die Tatsache dass viele Menschen ihre Heimat verließen und der Osten Deutschlands damit immer mehr Einwohner verlor, wurden viele Stellen, vor allem jene an der Spitze der ansässigen Firmen, von Geschäftsführern der „alten" Bundesländer besetzt. Viele Ostdeutsche die geblieben sind und eine Arbeitsstelle gefunden hatten, weisen bis heute einen geringeren finanziellen Standard auf als gleichgestellte Arbeitnehmer im Westen der Republik.

Dennoch lassen sich für die Zukunft positive Prognosen abzeichnen. Im Jahresbericht zur Deutschen Einheit konnte die Regierung viele positive Entwicklun-

---

[241] Berliner Kabarett „Die Distel" 1990

gen verzeichnen und auch in der Realität erstrahlen ostdeutsche Städte in restaurierten Glanz. Wie die Medien aus Anlass des Mauerfalljubiläums zeigten, geht dies sogar soweit, dass viele Kommunen in Westdeutschland über zu wenige Gelder für Baumaßnahmen klagen.

Zusätzlich sollte nicht vergessen werden, dass viele junge Menschen aus der „Nachwende"-Generation eine andere Meinung zur inneren Einheit vertreten, als sie in den Medien publiziert wird. Ihnen sind keine Barrieren mehr bekannt, eine Grenze zwischen Ost- und Westdeutschland kennen sie höchstens noch aus Schulbüchern. Zwar wird die Erziehung durch ihre ost- bzw. westdeutsch geprägten Eltern auch die kommenden Jahrgänge noch trennen, aber die „Mauer in den Köpfen" wird zunehmend verschwinden und allenfalls harmlose Witze und gut gemeinte Klischees übrig bleiben. Viel mehr bleibt, sich als Deutscher und Europäer zu sehen und die Unterscheidung untereinander in regionalen Differenzen zu verorten.

Quellenverzeichnis

Internetquellen

Die Zeit: Günter Grass hadert mit der deutschen Einheit. Online in Internet. URL: http://www.zeit.de/online/2009/04/grass-vorab (Stand: 09.02.2010).

Stiftung Deutsches Historisches Museum (Hrsg.): Einigungsvertrag. Online in Internet: URL: http://www.hdg.de/lemo/html/dokumente/DieDeutscheEinheit_vertragEinigungsvertrag/index.html (Stand 03.02.2010).

Stiftung Deutsches Historisches Museum (Hrsg.): Zwei-Plus-Vier-Vetrag. Online in Internet: URL: http://www.hdg.de/lemo/html/dokumente/DieDeutscheEinheit_vertragZweiplusVierVertrag/index.html (Stand 03.02.2010).

Geißler, Rainer: Wandel der Sozialstruktur. Online in Internet. URL: http://www.bpb.de/themen/PS09CD,0,0,Wandel_der_Sozialstruktur.html (Stand: 29.01.2010).

Statistisches Bundesland Deutschland: Entwicklung der Bruttoverdienste. Durchschnittliche Bruttoverdienste Neue Länder. Online In Internet. URL: http://www.destatis.de/jetspeed/portal/cms/Sites/destatis/Internet/DE/Content/Statistiken/VerdiensteArbeitskosten/Bruttoverdienste/Tabellen/Content50/LangeReiheNL,templateId=renderPrint.psml (Stand: 02.02.2010).

Bundeszentrale für politische Bildung: Bevölkerungsentwicklung. Online in Internet. URL: http://www1.bpb.de/wissen/AE3W2K,0,0,Bev%F6lkerungsentwicklung.html (Stand: 02.02.2010).

Statistisches Jahrbuch 2009. Für die Bundesrepublik Deutschland, hrsg. vom Statistischen Bundesamt, Wiesbaden 2009.

Landesverbände der Jungen Union: Online in Internet. URL: http://www.ostalgie-nein-danke.de (Stand: 09.02.2010).

Literatur

Bender, Peter: Deutschlands Wiederkehr. Eine ungeteilte Nachkriegsgeschichte 1945-1990. Stuttgart 2007.

Bürklin, , Wilhelm; Hoffmann-Lange, Ursula: Eliten. In: Weidenfeld, Werner , Korte, Karl-Rudolf (Hrsg.): Handbuch zur deutschen Einheit 1949 – 1989 – 1999. Frankfurt am Main; New York 1999, S. 317-329.

Cassens, Insa; Luy, Marc; Scholz, Rembrandt (Hrsg.): Die Bevölkerung in Ost- und Westdeutschland. Demografische, gesellschaftliche und wirtschaftliche Entwicklungen seit der Wende. Wiesbaden 2009.

Eith, Ulrich: Parteien. In: Weidenfeld, Werner , Korte, Karl-Rudolf (Hrsg.): Handbuch zur deutschen Einheit 1949 – 1989 – 1999. Frankfurt am Main; New York 1999, S. 617-630.

Geißler, Rainer: Die Sozialstruktur Deutschlands. Zur gesellschaftlichen Entwicklung mit einer Bilanz zur Wiedervereinigung. Wiesbaden 52008.

Görtemaker, Manfred: Die Berliner Republik. Wiedervereinigung und Neuorientierung (= Deutsche Geschichte im 20. Jahrhundert, hrsg. von Manfred Görtemaker, Frank-Lothar Kroll und Sönke Neitzel, Bd. 16), Berlin 2009.

Gros, Jürgen; **Wagner**, Peter M.: Verträge zur Deutschen Einheit. In: Weidenfeld, Werner , Korte, Karl-Rudolf (Hrsg.): Handbuch zur deutschen Einheit 1949 – 1989 – 1999. Frankfurt am Main; New York 1999, S. 817-828.

Grünheid, Evelyn: Überblick über die demographische Entwicklung in Ost- und Westdeutschland von 1990 bis 2004. In: Cassens, Insa; Luy, Marc; Scholz, Rembrandt (Hrsg.): Die Bevölkerung in Ost- und Westdeutschland. Demografische, gesellschaftliche und wirtschaftliche Entwicklungen seit der Wende. Wiesbaden 2009, S. 12-47.

Hauser, Richard: Tendenzen zur Herausbildung einer Unterklasse? In: Glatzer, Wolfgang; Ostner, Ilona: Deutschland im Wandel. Sozialstrukturelle Analysen. Opladen 1999, S. 133-146.

Heydemann, Günther: Die Innenpolitik der DDR (= Enzyklopädie Deutscher Geschichte, hrsg. von Lothar Gall, Bd. 66), München 2003.

Hönemann, Stefan; **Moors**, Markus: Wer die Wahl hat... Bundestagswahlkämpfe seit 1957. Muster der politischen Auseinandersetzung. Marburg 1994

Mählert, Ulrich: Kleine Geschichte der DDR. München 2001.

Priewe, Jan: Wirtschaftswunder – Deindustralisierung – Rückschlag für Westdeutschland? Zur politischen Ökonomie der deutschen Vereinigung. In: Muszynski, Bernhard: Deutsche Vereinigung. Probleme der Integration und der Identifikation. Opladen 1991. S. 115-132.

Ritter, Gerhard A.: Wir sind das Volk! Wir sind ein Volk. Geschichte der deutschen Einigung. München 2009.

Röper, Erich: "Die minderen Brüder und Schwestern". In: Aus Politik und Zeitgeschichte (Beilage zur Wochenzeitung Das Parlament), 40/2005, S. 22.

Stawenow, Christoph: Warum ist Deutschland noch nicht zusammengewachsen? Zur Entstehung einer politischen Teilkultur in den neuen Bundesländern. In: Deutschland Archiv, Heidelberg 2009, Heft 5, S. 781-787.

Turek, Jürgen: Treuhandanstalt. In: Weidenfeld, Werner , Korte, Karl-Rudolf (Hrsg.): Handbuch zur deutschen Einheit 1949 – 1989 – 1999. Frankfurt am Main; New York 1999, S. 742-750.

Einzelbände

Michael Vollmer (2004): Wiedervereinigung oder Dritter Weg? – Die DDR 1989/90
ISBN: 978-3-638-65364-0

Franziska Eichhorn (2009): Der Weg zur deutschen Einheit. Die Rolle der Bundesregierung unter Helmut Kohl während des Wiedervereinigungsprozesses
ISBN: 978-3-656-09585-9

Alexis Demos (2008): Die friedliche Revolution von 1989/90. Deutschlands überstürzte Vereinigung? Von der Diskrepanz staatlicher und innerer Einheit
ISBN: 978-3-640-64257-1

Viktoria Dießner (2009): Friedliche Revolution und Transformation. Geteilte Einheit? Ost- und Westdeutsche nach der Wiedervereinigung 1989/90
ISBN: 978-3-640-68934-7